ПО ТУ СТОРОНУ ДЕМОКРАТИИ

Франк Карстен и Карел Бекман

По ту сторону демократии

*Почему демократия ведет не к солидарности,
процветанию и свободе, а к социальным конфликтам,
неконтролируемым расходам и тирании*

RUSSIAN.BEYONDDEMOCRACY.NET

Франк Карстен и Карел Бекман
ПО ТУ СТОРОНУ ДЕМОКРАТИИ
Frank Karsten and Karel Beckman
BEYOND DEMOCRACY

На обложке: Южная сторона Парфенона. Фото: *Thermos*, Wikimedia Commons.

Содержание

Введение

Демократия: последнее табу

«Какими бы болезнями ни страдала сегодня демократия, от них есть только одно средство: больше демократии». Эта старая цитата одного американского политика вкратце выражает самый распространённый взгляд на нашу демократическую политическую систему. Люди готовы согласиться, что у демократии есть свои проблемы, могут даже признать, что многие западные парламентские демократии, включая американскую, находятся на грани краха, но не в состоянии представить ей альтернативу. Единственное спасение, какое приходит им в голову, это ещё больше демократии.

Мало кто станет отрицать, что парламентская демократическая система переживает кризис. Повсюду в демократических странах граждане недовольны и глубоко разобщены. Политики сетуют, что избиратели ведут себя, как капризные дети, а граждане жалуются, что политики глухи к их чаяниям. Избиратели мечутся от одного лагеря к другому, выражают доверие то одной политической партии, то другой, всё чаще отдавая предпочтение радикалам и популистам. Повсюду политический пейзаж становится всё более фрагментарным, из-за чего становится всё труднее преодолевать разногласия и формировать дееспособные правительства.

Существующие политические партии не знают, что с этим делать, и не в силах выработать реальную альтернативу. Они скованы жёсткими партийными рамками и сегодня отстаивают не столько свои идеалы, сколько интересы корпораций, финансовых и прочих кругов. Практически ни одному демократическому правительству не удаётся контролировать свои расходы. Большинство демократических стран брали в долг, тратили и повышали налоги с такой интенсивностью, что оказались в глубоком финансовом кризисе, а многие и на грани банкротства. В редких случаях, когда обстоятельства вынуждают правительства пойти хотя бы на временное сокращение бюджетных расходов, избиратели усматривают в этом ущемление своих прав, выступают с протестами и делают любые формы реальной экономии невозможными.

Несмотря на рост потребления, почти все демократические страны страдают от постоянно высокого уровня безработицы. Миллионы людей оказываются на обочине жизни. Практически ни одна демократическая страна не располагает адекватным запасом средств для выплаты пенсий своему стареющему населению.

Типичными для всех демократических обществ являются чрезмерно раздутый чиновничий аппарат и сложнейшие административные процедуры. Щупальца государства проникают в личную жизнь каждого человека. Правила и регламентации существуют буквально для всего на свете, и при возникновении какой-либо новой проблемы вместо её реального решения вводятся новые правила и регламентации.

В то же время демократические правительства плохо справляются с тем, что считается их важнейшей задачей, — обеспечением законности и порядка. *Преступность и хулиганство растут. Полиция и судебная система ненадёжны, некомпетентны и часто глубоко коррумпированы. Наказание несут ни в чём не повинные люди.* В процентном отношении к общей численности населения страны США занимают первое место в мире по числу заключённых. Многие из этих людей попали в тюрьму незаслуженно, а лишь потому, что большинство сочло их поведение агрессивным.

Согласно многочисленным исследованиям, доверие людей к демократически избранным ими же политикам никогда прежде не было таким низким. Существует глубоко укоренившееся недоверие к правительствам, политическим лидерам, элите и международным институтам, которые, похоже, ставят себя выше закона. Многие люди пессимистично смотрят в будущее. Они боятся, что жизнь их детей сложится ещё хуже, страшатся наплыва иммигрантов, обеспокоены тем, что их национальная культура находится под угрозой, и с нетерпением ждут наступления лучших времён.

Демократическая вера

Хотя кризис демократии широко признан, практически не слышно критики в адрес самой демократической системы. В переживаемых нами проблемах практически никто не винит демократию как таковую. Политические лидеры — левые, правые, центристы — единодушны в том, что для решения наших проблем нужно больше демократии, а не меньше. Все они обещают внимательнее прислушиваться к мнению людей и ставить общественные интересы выше личных. Они обещают сократить бюрократический аппарат, сделать политику более прозрачной, повысить качество услуг и заставить систему заработать снова. Но они никогда не ставят под сомнение преимущества самой демократической системы. Они скорее объявят причиной наших проблем то, что у нас слишком много свободы, чем слишком много демократии. *Единственная разница между прогрессивными и консервативными политиками состоит в том, что первые причину всех бед видят в чрезмерной экономической свободе, а вторые — в чрезмерной социальной свободе.* И это при небывалом в истории количестве законов и небывало же высоких налогах!

Критика демократической идеи является в западных обществах своего рода табу. Разрешено критиковать то, как слабо демократия осуществляется на практике, ругать находящихся у власти политических лидеров и их партии, но критиковать демократический идеал как таковой считается «дурным тоном».

Не будет преувеличением сказать, что *демократия стала религией* — современной светской религией. И эту религию можно назвать самой распространенной на планете. За исключением одиннадцати стран — Бирмы, Свазиленда, Ватикана и нескольких арабских, — все остальные считаются демократическими, пусть даже чисто номинально. Эта вера в Бога Демократии тесно связана с поклонением национальному демократическому государству, возникшему в конце XIX века. Бог и церковь были заменены Государством как Святым Отцом общества. Демократические выборы — это ритуал, в процессе которого мы молим Государство, чтобы оно дало нам работу, жилище, здоровье, безопасность, образование. Мы абсолютно верим в этого Бога — Демократическое Государство. Мы верим, что Оно позаботится обо всём, что Оно доброе, мудрое, всезнающее и всемогущее. Мы ждём от Него решения и социальных, и даже наших личных проблем.

Демократический Бог хорош тем, что Он делает своё доброе дело совершенно бескорыстно. У Него нет личных интересов. Он беззаветно служит исключительно интересам общества. Ничего нам не стоя, Он безвозмездно раздаёт хлеб, рыбу и прочие блага. Во всяком случае так кажется со стороны. Большинство людей склонны видеть лишь то, что они получают от государства, но не то, во сколько им это обходится. Одна из причин этого заключается в том, что государство собирает налоги множеством обходных и косвенных путей — например, заставляя предпринимателей взимать с покупателей налоги с продаж, или одалживая деньги у банков (возвращать государственные долги затем придётся налогоплательщикам), или создавая искусственную инфляцию, чтобы людям было труднее подсчитать, какая часть их доходов на самом деле конфискуется государством. Другая причина состоит в том, что результаты деятельности правительства видны и ощутимы, а о том, что могло бы быть и было бы сделано, если бы государство не отбирало у людей деньги, можно только гадать. Выпущенные военные самолёты летают у всех на виду, а того, что можно было бы выпустить, если не тратить народные деньги на военные самолёты, не видит никто.

Демократическая вера укоренилась в нас так глубоко, что для большинства людей демократия стала синонимом всего политически правильного и положительного. Демократия означает свободу (каждый имеет право голоса), справедливость (все голоса имеют одинаковую силу), равенство (все равны между собой), сплоченность (мы вместе принимаем решения), мир (демократии никогда не начинают несправедливых войн). При таком взгляде единственной альтернативой демократии представляется диктатура. Диктатура же, разумеется, олицетворяет собой всё плохое: отсутствие свободы, несправедливость, неравенство и войну.

В своём знаменитом эссе «Конец истории?» (1989) неоконсервативный философ Фрэнсис Фукуяма дошёл до того, что объявил современную демократическую систему вершиной политической эволюции человечества. По его словам, сегодня мы являемся свидетелями *унификации западной либеральной демократии как окончательной формы человеческого правления*. Со всей очевидностью только очень злые люди (террористы, фундаменталисты, фашисты) могут выступать против этой святыни.

Демократия = коллективизм

Тем не менее, именно это мы и намерены сделать в настоящей книге: выступить против Бога Демократии, особенно национальной парламентской демократии. Демократическая модель принятия решений полезна лишь в некоторых условиях, в маленьких сообществах или ассоциациях. Национальная же парламентская демократия, характерная почти для всех западных стран, имеет больше недостатков, чем преимуществ. Парламентская демократия несправедлива, ведет к бюрократизму и стагнации, подрывает свободу, независимость и предпринимательство и неизбежно приводит к антагонизму, разложению, летаргии и разорению. И не потому, что отдельные политики не справляются со своей работой или плохая партия находится у власти, а потому, что *такова сама демократическая система*.

Главный признак демократии состоит в том, что «народ» сам решает, как должно быть организовано общество. Иными словами, мы вроде как «вместе» принимаем решения обо всём, что нас касается. Насколько высоки должны быть налоги, сколько денег надо расходовать на заботу о детях и стариках, с какого возраста разрешается употребление алкоголя, какие суммы работодатели должны отчислять в пенсионный фонд для своих работников, что должно быть указано на этикетках товаров, чему следует учить детей в школе, сколько денег тратить на развитие экономики, на возобновляемую энергию, на спорт, на оркестры; как владелец бара должен управлять своим заведением и можно ли там курить, как надо строить дома, насколько высоким должен быть процент по кредитам, сколько денег надо иметь в обращении для оптимального функционирования экономики, можно ли спасать банки от банкротства за счёт вкладчиков, кому разрешается заниматься врачебной практикой, кто может открыть больницу; имеют ли люди право умереть, если они устали от жизни, и при каких обстоятельствах считается, что страна находится в состоянии войны. Демократия подразумевает, что все эти вопросы, и тысячи других, решает «народ».

Таким образом, демократия по определению является *коллективистской* системой. *Демократия — это социализм через заднюю дверь.* Главная идея здесь в том, что желательно и правильно, чтобы все важные решения относительно физической, социальной и экономической организации общества принимались коллективом, народом. И народ уполномочивает своих представителей в парламенте (то есть государство) принимать за него эти решения. Иными словами, *в условиях демократии вся структура общества неизбежно замыкается на государство.*

И тогда становится очевидным, что демократия это никакая не естественная вершина политической эволюции человечества. Приписывать демократии какую бы то ни было политическую ориентацию это вообще чистая пропаганда. И разумных альтернатив демократии на самом деле более чем достаточно.

Одна из таких альтернатив называется свободой, или либерализмом (в классическом смысле слова, а не в том искажённом до неузнаваемости, который сегодня в ходу в России и США). Очевидно, что свобода и демократия это разные вещи. Решаем ли мы демократчески, сколько каждый из нас должен тратить на одежду? Конечно, нет. Каждый это решает для себя сам. И такая свобода выбора всех устраивает. Тогда зачем решать непременно демократически все другие вопросы, касающиеся нас лично, — от обустройства рабочего места, выбора врача или пансионата до распорядка работы кафе или клуба?

Не в том ли главная причина многих проблем в нашем обществе, что мы всё подряд решаем демократически и поставили практически все экономические и социальные вопросы под прямой или косвенный контроль государства? Что бюрократизм, чрезмерное государственное вмешательство, паразитизм, преступность, коррупция, безработица, инфляция, низкие стандарты образования и т. п. вызваны не тем, что демократии *мало*, а *самой* демократией? Что всё это так же естественно сопутствует демократии, как пустые прилавки и полные до отказа автобусы сопутствовали коммунизму?

Вот это мы и хотим показать в настоящей книге.

Книга состоит из трёх частей. Первая часть посвящена нашей вере в Бога Парламентской Демократии. Как всякая религия, демократическая вера зиждется на наборе догм — положений, принимаемых всеми как неоспоримые истины. Мы приводим их в виде тринадцати мифов о демократии.

Во второй части мы демонстрируем практические следствия демократической системы и объясняем, почему демократия неизбежно ведёт к застою и что делает её неэффективной и несправедливой.

В третьей части мы представляем альтернативу демократии, а именно систему, основанную на индивидуальном самоопределении, децентрализации, местном самоуправлении и диверсификации.

Критическое отношение к существующей национально-демократической системе не мешает нам смотреть в будущее с оптимизмом. Многие люди пессимистичны потому, что видят бесперспективность нынешней системы, но не находят привлекательной альтернативы ей. Они знают, что государство сверх меры контролирует их жизнь, но сами они не в состоянии контролировать государство. Единственной альтернативой, какая приходит им в голову, является та или иная форма диктатуры, вроде «китайской модели», или та или иная форма национализма или фундаментализма.

Но здесь они ошибаются. Демократия не синоним свободы. Это одна из форм диктатуры — диктатура большинства и государства. Не является она и синонимом справедливости, равенства, солидарности и мира.

Демократия — это система, введённая около 150 лет назад в большинстве стран Запада якобы с целью осуществления социалистических идеалов в условиях либерального общества. Какими бы ни были цели в то время, сегодня нет никаких причин продолжать цепляться за национальную парламентскую демократию. Она больше не работает. Пришло время для нового политического идеала, в котором продуктивность и солидарность обеспечиваются не на основе демократической диктатуры, а в результате добровольных отношений между людьми. В этой книге мы надеемся убедить читателя в том, что возможность осуществления этого идеала реальнее, чем многие себе представляют, и что к его достижению стоит приложить усилия.

I. Мифы демократии

Миф 1: Каждый голос важен

Мы часто слышим это в период выборов. Утверждение, что ваш голос действительно важен. И это отчасти правда: он важен как один из ста миллионов голосов. Но если попробовать подсчитать процент вашего влияния на результаты голосования как одного из ста миллионов, то цифра получится, мягко говоря, скромная: 0,000001%. Иными словами, ваше влияние практически равно нулю. Шанс, что ваш голос определит победителя выборов, астрономически мал.

В действительности всё обстоит еще хуже, поскольку вы голосуете не за какую-то конкретную политику или принятие решения по конкретному вопросу. Вы голосуете за кандидата или политическую партию, которые затем будут принимать решения *от вашего имени*. На то, какие именно решения этот человек или эта партия будет принимать, вы уже никоим образом влиять не сможете! У вас нет возможности их контролировать. Четыре года (в некоторых странах больше) они будут решать всё, что им вздумается, и вы ничего не сможете с этим поделать. Вы можете бомбардировать их письмами, падать перед ними на колени, бегать за ними, но принимать решения будут они.

Правительство принимает в год тысячи решений. Голос, отданный вами человеку, чтобы он мог от вашего имени, но не консультируясь с вами, принимать решения по своему личному усмотрению, ни на одно из правительственных решений никоим образом не влияет.

Выбор, который вы делаете на выборах, практически никогда не ваш свободный выбор. Он лишь отражает некое туманное предпочтение. Редко встречается человек или партия, с которыми вы согласны полностью. Предположим, что вы против траты денег на помощь странам третьего мира или на войну в какой-то далёкой стране. Вы можете проголосовть за партию, которая выступает против этих расходов. Но может оказаться, что эта партия выступает и за повышение пенсионного возраста, с чем вы совсем не согласны.

Кроме того, партия или кандидат, которым вы отдали свой голос, могут и нарушить свои предвыборные обещания; такое случается сплошь и рядом. Что вы можете в этом случае сделать? Подать на них в суд за обман? Не поможет. Лучшее, что вам остаётся, это четыре года спустя голосовать за другую партию или другого кандидата. Результат при этом вряд ли будет другим.

Голосование — это иллюзия участия в управлении государством в обмен на потерю свободы. Когда Саша и Маша приходят на избирательный участок, им кажется, что они оказывают влияние на направление, в котором пойдёт страна. И в микроскопической (указанной выше) степени это правда. При этом от имени 99,9999% избирателей будут приниматься решения, в каком направлении пойдёт жизнь Саши и Маши. Таким образом, они больше теряют контроль над своей собственной жизнью, чем влияют на жизнь других. Их влияние было бы гораздо реальнее, если бы они сами решали, как жить. Например, если бы они сами могли решать, на что тратить свои доходы *до* того, как отдать половину правительству в форме всевозможных налогов.

Или другой пример. В нашей демократической системе люди практически не имеют прямого контроля над тем, какое образование получают их дети. Если они хотят изменить образовательную практику и иметь над ней больше контроля, чем только через избирательную урну, им придется войти в состав образовательного лобби, писать петиции политикам или устраивать демонстрации протеста перед правительственными учреждениями. Существуют родительские ассоциации, пытающиеся воздействовать на образовательную политику такими методами. На это уходит уйма времени и энергии, но результата практически никакого. Было бы бесконечно проще и эффективнее, если бы государство не вмешивалось в образование, а учителя, родители и учащиеся сами решали свои вопросы индивидуально и сообща.

Конечно, правящий класс постоянно призывает людей голосовать. Он всегда подчёркивает, что путём голосования люди реально влияют на политику правительства. На самом же деле им важно другое: *участие людей в голосовании — это знак одобрения системы, подтверждение морального права элиты править народом.*

Многие считают участие в выборах своей моральной обязанностью. Часто можно услышать, что если ты не голосуешь, то и не имеешь права участвовать в публичных дебатах или жаловаться на решения политиков. Не выразил своё мнение в избирательном бюллетене — сиди и помалкивай. Говорящие так, видимо, не могут себе представить, что можно и не покупаться на иллюзию влияния, которой торгует демократия. Они страдают Стокгольмским синдромом — в конце концов полюбили своих поработителей и не осознают, что приносят свою свободу в жертву власти, которую политики и чиновники имеют над ними.

Миф 2: Демократия — это народовластие

Слово «демократия» буквально означает «народовластие». Но действительно ли при демократии власть принадлежит народу?

Первая проблема заключается в том, что «народа» в природе не существует. Есть только миллионы индивидуумов с таким же количеством мнений и интересов. Могут ли они править все вместе? Нет. Как сказал один голландский сатирик: «Демократия — это власть народа. Каждое утро я с удивлением узнаю из газет, чего я оказывается хочу».

Будем откровенны: так не бывает, чтобы все хотели автомобиль одной и той же марки или газировку с одним и тем же сиропом; каждый выбирает по своему вкусу. То же самое относится и к политике.

При демократии решает не «народ», а его большинство, ещё точнее — большинство избирателей. Выходит, что меньшинство это не «народ», что довольно странно. Разве не каждый из нас часть «народа»? Предположим, вы привыкли покупать продукты в одном магазине, но большинство предпочитает другой, и вы обязаны подчиниться их выбору, даже если продукты того магазина не лезут вам в горло. Ничего не поделаешь, так работает демократия. Если по результатам выборов вы оказались в лагере побеждённых, вам придётся плясать под музыку победителей.

Но предположим на миг, что большинство это действительно то же самое, что народ. Правда ли в этом случае, что народ принимает решения? Давайте посмотрим. Есть два типа демократии: прямая и представительная. При прямой демократии каждый гражданин голосует за каждое принимаемое решение, как на референдуме. При представительной демократии люди голосуют за других людей, которые затем принимают решения вместо них. Ясно, что во втором случае возможностей выразить своё мнение у людей гораздо меньше, чем в первом. Однако почти все современные демократии являются представительными, хотя время от времени и проводятся референдумы.

В оправдание представительной системы приводятся следующие аргументы: *а)* было бы непрактично устраивать референдумы по каждому из множества решений, ежедневно принимаемых правительством; и *б)* народ в массе своей не обладает достаточной компетентностью для решения всех видов сложных вопросов.

Первый аргумент мог считаться убедительным в прошлом, когда действительно было трудно передать каждому гражданину необходимую информацию и зарегистрировать его мнение, за исключением разве что очень маленьких населенных пунктов. Но сегодня этот агрумент не имеет силы. С помощью интернета и других современных средств коммуникации легко обеспечить участие больших групп в процессе принятия решений и референдумах. Тем не менее это почти не делается. Почему не провести референдум о том, следует ли Соединенным Штатам начинать войну в Афганистане, Ливии или еще где-нибудь? Власть ведь принадлежит народу, не так ли? Тогда почему народ не может участвовать в принятии столь важного для его жизни решения? Все, разумеется, знают, как много принимается решений, которые большинство населения не поддержало бы, если бы по ним проводилось голосование. Идея о том, что «власть принадлежит народу», это просто миф.

А как насчет второго аргумента? Действительно ли большинство вопросов слишком сложны для всеобщего голования? Едва ли. Строить ли в городе мечеть, с какого возраста можно употреблять алкоголь, каким должно быть минимальное наказание за то или иное преступление, больше или меньше надо строить скоростных магистралей, каким может быть максимальный размер государственного долга, следует или нет вводить войска в другую страну, и т. п., — всё это вопросы достаточно ясные. Если бы наши правители принимали демократию всерьёз, разве не должны были бы они выставлять хоть некоторые из них на прямое всеобщее голосование?

А может быть, второй аргумент подразумевает, что люди в массе своей недостаточно умны для того, чтобы иметь обоснованное мнение по разного рода социальным и экономическим вопросам? Но если это так, то как же им удаётся понять разные предвыборные программы, сравнить их между собой и выбрать ту, за которую голосовать? Всякий защитник демократии должен по меньшей мере исходить из того, что люди кое-что знают и понимают родной язык. Да и почему политики, избранные на ту или иную должность, непременно должны быть сообразительнее своих избирателей? Они что, черпают мудрость и знания из какого-то таинственного фонтана, к которому остальным путь заказан? Или по своим моральным качествам они выше среднего гражданина? Доказательств этому нет.

Защитники демократии могут возразить, что даже если люди и не глупы, ни один человек не обладает достаточными знаниями и интеллектом для того, чтобы принимать решения по сложным вопросам, глубоко влияющим на жизнь миллионов отдельных граждан. Это несомненно так, но то же самое относится и к политикам и государственным служащим, принимающим такого рода решения в условиях демократии. Например, откуда они могут знать, какое образование считает хорошим каждый отдельный родитель, преподаватель, учащийся? А какое образование является наилучшим? У каждого человека есть свои предпочтения и своё представление о том, каким должно быть образование. И большинство из нас достаточно умны, чтобы по крайней мере решать, что хорошо для нас самих и наших детей. Но от таких рассуждений централизованная, стригущая всех под одну гребенку демократия отмахивается, как от назойливых мух.

Вот и выходит, что *в условиях демократии народ **вообще** не имеет власти*. И нельзя сказать, чтобы мы были этим очень удивлены. Каждый знает, что правительство регулярно принимает решения вопреки интересам большинства населения. При демократии решающей является не «воля народа», а воля политиков, находящихся под влиянием профессиональных и прочих лобби. Нефтяные, агропромышленные, фармацевтические, медицинские, военно-промышленные и банковские гиганты знают, как использовать эту систему себе на выгоду. Решения принимает крохотная элита, чаще всего за кулисами. Не забивая себе голову чаяниями «народа», они проматывают его сбережения на войну и программы помощи другим странам, вопреки его воле разрешают массовую иммиграцию, создают огромный бюджетный дефицит, шпионят за собственными гражданами, начинают никому из избирателей не нужные войны, субсидируют из кармана граждан группы особых интересов в парламенте, участвуют в международных проектах типа единой валюты в Европейском Союзе или Североамериканского соглашения о свободной торговле (НАФТА), от которых бездельники богатеют, а труженики беднеют. Неужели это мы сами собой так демократически управили? Не правильнее ли думать, что управился с нами кто-то совсем другой — наши правители?

Сколько найдётся охотников перечислить правительству тысячи долларов из собственных сбережений, чтобы оно от их имени могло послать солдат воевать в какую-нибудь экзотическую страну? Почему хоть раз не спросить народ? Разве это не он в стране «власть»?

Часто можно услышать, что демократия это хорошее средство ограничения власти правителей, однако нетрудно убедиться, что и это всего лишь миф. Политики делают все, что им заблагорассудится!

Более того, власть политиков распространяется гораздо дальше залов парламента и кабинетов правительства. Когда избирателям удаётся добиться их снятия с постов, они чаще всего получают высокооплачиваемую работу в бесчисленных организациях, действующих в тесном симбиозе с государством, — СМИ, профсоюзах, жилищно-коммунальных конторах, университетах, неправительственных организациях, лоббистских группах, мозговых центрах и тысячах консультативных фирм, живущих за счет государства, как грибы-трутовики на гнилом дереве. Иными словами, смена правительства вовсе не обязательно означает и смену тех, кто непосредственно управляет обществом. Демократическая подотчетность гораздо более ограниченна, чем кажется.

Нелишне заметить, что попасть в число кандидатов на любую властную должность задача совсем не из лёгких. В США законные требования к кандидату федерального уровня занимают 500 страниц и изложены настолько замысловато, что простому смертному не понять.

Несмотря на всё это каждый новый закон сторонники демократии встречают словами: «Мы за него проголосовали!» А раз «мы» проголосовали, то и не имеем права протестовать. Этот аргумент, правда, не является безоговорочным. Например, гомосексуалисты вспомнят о нём, если речь идёт о законе в защиту их прав, но забудут о нём же, если столь же демократическим образом их права будут ущемлены. Активисты-экологи будут требовать строгого наказания гуляющих по газонам, но сами колоннами выйдут на те же газоны, протестуя против какого-нибудь другого, тоже демократического, но несимпатичного им запрета: за него «мы», видимо, не голосовали.

Миф 3: Большинство всегда право

Просто для примера представим опять, что власть при демократии действительно принадлежит народу и что каждый голос действительно что-то решает. Дадут ли результаты голосования автоматически правильные или хорошие результаты? В конце концов демократия ведь для этого — чтобы все вместе мы принимали правильные решения. Однако трудно представить, каким образом и почему демократический процесс должен обязательно привести к хорошим или правильным результатам. Правда — это не обязательно то, что большинство людей принимают за правду. Примеров коллективных заблуждений в истории масса. Например, долгое время люди считали, что животные не чувствуют боли, или что земля плоская, или что царь или император является наместником Бога на земле.

Точно так же что-то не становится положительным и морально приемлемым лишь потому, что так кажется большинству. Вспомним, сколько коллективных преступлений было совершено людьми в прошлом. Такие мерзости, как рабство или преследование евреев, когда-то были для большинства людей вполне приемлемыми.

Будем откровенны: голсуя за то или другое, люди обычно исходят из своих личных интересов. Они отдают свои голоса той партии, от которой ожидают наибольшей выгоды для себя. В глубине души они знают, что претендуют на то, что в идеале должно бы принадлежать всем. Хорошо ли это? Этого ли мы на самом деле хотим? Неприятная правда здесь в том, что люди предпочитают демократию главным образом потому, что, оказавшись, как им хотелось бы, в большинстве, они смогут завладеть благами меньшинства. Они надеются, что часть их тягот ляжет на плечи других и что за счёт этих других ещё и возрастут их доходы. Получается довольно безнравственно.

Преувеличение? Если вы с друзьями ограбите кого-нибудь на улице, вы будете наказаны. Если же большинство проголосует за закон, фактически грабящий меньшинство (например, новый налог на спиртные напитки или табак), то это решение «демократическое», а стало быть «справедливое». Но в чём здесь различие с уличным ограблением?

Вдумайтесь, и вы непременно придёте в выводу, что *базовый механизм демократии — большинство подчиняет себе меньшинство — фундаментально аморален*. В условиях демократии моральные соображения подменяются волей большинства. Количество торжествует над качеством. Число людей, чьи желания совпадают, оказывается важнее соображений морали и здравого смысла.

Британский политик и писатель XIX века Оберон Герберт так иллюстрировал логику и мораль демократии:

В комнате пять человек. Поскольку у троих одна точка зрения, а у двоих другая, имеют ли трое моральное право навязать свою точку зрения остальным двоим? Что за волшебная сила нисходит на этих троих из-за того лишь, что их на одного больше, и почему они вдруг становятся хозяевами душ и тел остальных двоих? Пока их двое против двоих, каждый сам себе хозяин; но стоит ещё одному по неважно каким мотивам присоединиться к одной из сторон, как она тотчас же получает право распоряжаться душами и телами другой стороны. Можно ли вообразить себе более унизительный и абсурдный предрассудок? Не прямой ли он потомок того древнего предрассудка, согласно которому императоры и первосвященники имели власть над душами и телами подданных?

Миф 4: Демократия политически нейтральна

Демократия совместима с любым политическим направлением. Политика партии или партий у власти определяется избирателями. Таким образом, демократическая система сама собой сводит на нет политические различия: по своей сути она не левая и не правая, не социалистическая и не капиталистическая, не консервативная и не прогрессивная. Во всяком случае такой она кажется. Однако это в лучшем случае половина правды. На самом деле демократия обязательно воплощает определенное политическое направление.

Демократия по определению является коллективистской идеей, а именно: мы всё должны решать вместе, и эти решения становятся для нас всех обязательными. Это значит, что в условиях демократии практически всё имеет общественное значение. Фундаментальных пределов такой коллективизации не существует. Если большинство (на самом деле правительство) захочет, то оно может принять решение, обязывающее нас всех ходить по улицам в средневековых доспехах, потому что так безопаснее. Или наряжаться клоунами, потому что это поднимает настроение. Никакой индивидуальной свободы. Зато полная свобода для постоянно растущего вмешательства правительства в личную жизнь людей. Именно это и происходит в демократических обществах.

Политический курс, конечно, может меняться и временами даже

поворачивать вспять — например, от большей регламентации к меньшей и наоборот, — но в долгосрочной перспективе западные демократии неуклонно движутся ко всё большему вмешательству в жизнь людей, ко всё большей их зависимости от государства и ко всё более высоким бюджетным расходам.

Возможно, это меньше бросалось в глаза в период «холодной войны», когда на фоне тоталитарных режимов Советского Союза и Китая Мао Цзэдуна западные демократии выглядели относительно свободными. В те дни мало кто замечал, что и западное общество становится всё более и более коллективистским. Однако, в начале 1990-х годов, после падения коммунизма, стало ясно, что западные государства «всеобщего благополучия» давно уже движутся в том же направлении. В странах, где больше свободы и меньше налогов и запретов, экономика развивается быстро, и они уже догоняют нас.

Многие политики-демократы, разумеется, говорят, что они за «свободный рынок». Но их действия свидетельствуют об обратном. Взять ту же Республиканскую партию в США, которую принято считать партией свободного предпринимательства. Её программа сегодня включает практически все основные формы государственного вмешательства, за которые ранее выступали их левые соперники-демократы: концепция государства всеобщего благополучия, высокие налоги, высокие государственные расходы, государственный жилой фонд, трудовое законодательство, минимальная заработная плата, вмешательство в дела других стран. Внесли они и кое-какие собственные дополнения, например, субсидии банкам и большому бизнесу и законы против так называемых «преступлений без потерпевшего», таких как употребление наркотиков и проституция. Несмотря на короткие периоды «дерегулирования», при любой партии власть государства постоянно усиливается, хотя республиканцы и заявляют, что они будто бы за свободное предпринимательство. Известно, что при республиканце и «консерваторе» Рональде Рейгане на посту президента государственные расходы повысились, а не снизились. При республиканской администрации Джорджа Буша-младшего государственные расходы не просто повысились, а достигли астрономических размеров. Это показы-

Государственные расходы, % от ВВП									
	1870	1913	1920	1937	1960	1980	1990	2000	2005	2009
Австрия	10.5	17	14.7	20.6	35.7	48.1	38.6	52.1	50.2	52.3
Бельгия	8	13.8	22.1	21.8	30.3	58.6	54.8	49.1	52	54
Великобритания	9.4	12.7	26.2	30	32.2	43	39.9	36.6	40.6	47.2
Канада			16.7	25	28.6	38.8	46	40.6	39.2	43.8
Франция	12.6	17	27.6	29	34.6	46.1	49.8	51.6	53.4	56
Германия	10	14.8	25	34.1	32.4	47.9	45.1	45.1	46.8	47.6
Италия	13.7	17.1	30.1	31.1	30.1	42.1	53.4	46.2	48.2	51.9
Япония	8.8	8.3	14.8	25.4	17.5	32	31.3	37.3	34.2	39.7
Нидерланды	9.1	9	13.5	19	33.7	55.8	54.1	44.2	44.8	50
Испания		11	8.3	13.2	18.8	32.2	42	39.1	38.4	45.8
Швеция	5.7	10.4	10.9	16.5	31	60.1	59.1	52.7	51.8	52.7
Швейцария	16.5	14	17	24.1	17.2	32.8	33.5	33.7	37.3	36.7
США	7.3	7.5	12.1	19.7	27	31.4	33.3	32.8	36.1	42.2
В среднем	10.4	12.7	18.4	23.8	28.4	43.8	44.7	43.2	44.1	47.7

вает, что демократия не нейтральна, а по самой своей сути склонна к усилению коллективизма и государственной власти, кто бы ни управлял страной в каждый данный момент.

Эта общая тенденция отражается в постоянном росте государственных расходов. В начале XX века государственные расходы в большинстве западных стран составляли около 10 процентов от валового внутреннего продукта. Сегодня они составляют около 50 процентов. Это значит, что *шесть месяцев в году люди работают на государство как крепостные.*

В более свободные (и менее демократические) времена налоговое бремя было намного легче, чем сегодня. *На протяжении веков в Англии существовала система, при которой король распоряжался деньгами, но не имел права повышать налоги, а парламент имел право устанавливать налоги, но не распоряжался деньгами. Как следствие, налоги были относительно низкими.* В XX веке, когда Великобритания стала более демократической, налоги круто пошли вверх.

Американская революция началась как бунт колонистов против уплаты налогов метрополии — Великобритании. Основатели Соединенных Штатов любили демократию не больше, чем высокие налоги, то есть не любили совсем. Слова «демократия» нет ни в Декларации независимости, ни в Конституции США.

В XIX веке налоги в США составляли несколько процентов, за

исключением военных периодов. Подоходный налог не существовал и даже был запрещён Конституцией. Но по мере того, как Соединенные Штаты из децентрализованного, федеративного государства превращались в национальную парламентскую демократию, власть федерального правительства постоянно возрастала. В конечном итоге в 1913 году был введен подоходный налог и образована централизованная Федеральная резервная система.

Другим красноречивым примером является Свод федеральных нормативных актов — собрание всех законов, введённых федеральным правительством. В 1925 году они умещались в одном-единственном томе. К 2010 году свод законов разросся до двухсот томов, одно только оглавление заняло более 700 страниц. Регламентировано буквально всё: от того, как должен выглядеть ремешок для наручных часов, до того, какими колечками следует нарезать лук в ресторанах. По данным журнала «Экономист», только в период президентства Джорджа Буша-младшего Свод федеральных нормативных актов увеличивался на тысячу страниц в год. Тот же журнал писал, что за период с 2001 по 2010 год количество слов в американском налоговом кодексе возросло с 1,4 миллиона до 3,8 миллиона.

Многие из поступающих в Конгресс законопроектов настолько

Рост объёма налогового кодекса

Количество страниц в Федеральном налоговом кодексе США

Источник: CCH

раздуты, что конгрессмены голосуют за них, не читая. Короче говоря, демократия обернулась в США значительным расширением государственного вмешательства, несмотря на убеждение многих американцев, что они живут в «свободной» стране.

Аналогичная тенденция наблюдается и в других западных демократиях. Например, в Нидерландах, откуда родом авторы этой книги, в 1850 году общее налоговое бремя составляло 14 процентов от валового национального продукта. Сегодня, по данным Голландского бюро центрального планирования, оно составляет 55 процентов. Согласно результатам других исследований, правительственные расходы в 1900 году составляли 10 процентов от национального дохода, а в 2002 году — 52 процента.

Количество законов и нормативных документов в Нидерландах тоже постоянно росло. По данным Центра научных исследований и документации Голландского управления юстиции, в период с 1980 по 2004 год количество действующих законов увеличилось на 72 процента. В 2004 году в Нидерландах было 12 000 действующих законов и нормативных актов, изложенных в 140 000 статей.

Проблема со всеми этими законами в том, что каждый из них имеет тенденцию к размножению. Например, государственная система обязательного медицинского страхования самим своим существованием побуждает правительство навязывать людям «здоровый», с его точки зрения, образ жизни. Не зря говорят, что здоровые граждане оплачивают медицинские счета тех, кто неправильным образом жизни портит себе здоровье. Это, конечно, правда, но происходит так исключительно потому, что система страхования является государственной. Этот *медицинский фашизм* типичен для демократических стран, где большинство людей давно свыклись с ним. Для них совершенно нормально, что правительство запрещает им курить, есть жирное и сладкое, заставляет надевать ремни безопасности и мотоциклетные шлемы и т. д. *Все это не что иное как прямые нарушения индивидуальной свободы.*

Некоторые возразят, что за последние десятилетия во многих областях жизни свободы стало больше. Во многих западных странах частные («коммерческие») телекомпании разрушили монополию национального телевидения, магазины стали закрываться позже, шире стал выбор авиационных и телекоммуникационных компаний, растет число стран, где отменена всеобщая воинская повинность. Однако всё это отнюдь не заслуга политиков-демократов. Во многих случаях перемены происходили независимо от воли политиков в результате либо научно-технического прогресса (как в информатике и телекоммуникации), либо конкуренции со стороны других стран (как на рынке авиаперевозок). Результатом подобных процессов явилось и крушение коммунистического режима в бывшем Советском Союзе. Там коммунисты уступили власть не по своей воле, а потому, что у них не было выбора: система прогнила и не поддавалась ремонту. Таким же образом регулярно теряют власть и наши политики-демократы.

Однако наши политики обычно довольно быстро снова овладевают ситуацией. Так что свобода в интернете всё больше и больше ограничивается правительственным вмешательством. Свобода слова сковывается антидискриминационными законами. Право на интеллектуальную собственность (патенты и авторские права) используется как инструмент контроля над производством и потреблением. Как только в какой-нибудь сфере возникают свободные рыночные отношения, тотчас создаются новые бюрократические структуры для регулирования этих отношений. Эти бюрократические структуры затем разрастаются и вводят всё больше и больше ограничений. В Нидерландах, где была проведена настоящая либерализация отраслей энергетики и телекоммуникации, почти сразу же начали создаваться и соответствующие агентства по контролю над ними; только за последние десять лет таких появилось шесть.

В США, по данным исследований Университета штата Вирджиния, расходы на содержание органов государственного контроля за период с 2003 по 2008 год увеличились на 3% и достигли 1,75 триллиона долларов в год, что составляет 12% ВВП (валового внутреннего продукта) страны. После 2008 года новые государственные регламентации захлестнули финансовые рынки, нефтедобывающую, пищевую и многие другие отрасли промышленности. В Европе предприниматели и частные лица вынуждены считаться не только с указами своих национальных правительств, но и с дополнительными установками руководства Евросоюза в Брюсселе. Если 1990-е годы были в Евросоюзе периодом почти неограниченной либерализации, то сегодня тенденция сменилась на прямо противоположную — ко всё большей и большей регламентации.

Короче говоря, на практике демократия политически *не* нейтральна. Это коллективистская по своей природе система, которая ведет ко всё большему правительственному вмешательству и ко всё меньшей индивидуальной свободе. Так происходит потому, что люди по любому поводу обращаются за помощью к государству и хотят, чтобы их личные расходы оплачивал кто-то другой.

На самом деле *демократия по своей сути является тоталитарной идеологией*, хоть и без таких крайностей, как нацизм, фашизм или коммунизм. В принципе, при демократии свобода вовсе не является святыней, и каждый аспект жизни индивидуума потенциально подконтролен правительству. По большому счёту меньшинство находится в полной зависимости от прихотей большинства. Даже конституция, ограничивающая власть правительства, может в любой момент быть изменена большинством. Единственное фундаментальное право, которое у вас есть в условиях демократии, кроме выдвижения своей собственной кандидатуры на государственную должность, это право голосовать за ту или иную политическую партию. Голосуя, вы подчиняете свою независимость и свою свободу воле большинства.

Настоящая свобода — это право *не* участвовать в работе системы и *не* оплачивать её. Как потребитель вы не свободны, если вынуждены выбирать между разными марками телевизора, как бы много их ни было. Вы свободны только в том случае, если можете решить вообще *не* покупать телевизор. В условиях демократии вам приходится покупать то, что выбрало большинство, нравится это вам или нет.

Миф 5: Демократия ведёт к процветанию

Многие демократические страны отличаются высоким уровнем жизни, и люди часто думают, что это благодаря демократии. В действительности верно обратное: демократия не ведет к процветанию, а *разрушает* его.

Да, мнгоие *западные* демократии процветают. Но в других частях света эта зависимость отсутствует. Сингапур, Гонконг и ряд арабских стран не являются демократическими, при этом уровень жизни там высокий. В то же время во многих демократических странах Африки и Латинской Америки процветает только небольшая элита. Западные страны процветают не благодаря демократии, а вопреки ей. Их благосостояние объясняется характерными для них традициями свободы, в силу которых государство ещё не полностью завладело контролем над экономикой. Но эти традиции всё больше ослабевают под действием демократии. Частный сектор постепенно сокращается, и этот процесс грозит уничтожить благосостояние, веками достигавшееся на Западе.

Благосостояние людей тем выше, чем лучше защищены права индивидуума, в частности — право собственности. Иными словами, богатство создаётся там, где люди являются хозяевами плодов своего труда. В этом случае у них есть стимул работать производительно, идти на риск и эффективно использовать имеющиеся ресурсы.

С другой стороны, если люди вынуждены уступать плоды своего труда государству, что отчасти и происходит при демократии, они менее мотивированны работать производительно. Кроме того, государство неизбежно будет использовать те же ресурсы неэффективно. Они достались «демократическим» правителям без малейшего труда, да и цели у них совсем не те, что у людей, которые эти ресурсы произвели.

Как действует экономика в условиях демократии? Представьте для сравнения компанию из десяти человек, которые вместе обедают в ресторане и заранее решают разделить счёт поровну. Зная, что 90 процентов заплатят другие, каждый выбирает блюда дороже, чем если бы платил только за свой заказ. Сам факт того, что платить придётся лишь десятую часть от целого, провоцирует расточительность. В результате каждый платит намного больше, чем если бы обедал один.

В экономике этот феномен называют «трагедией общего». Общее — это, например, участок земли, которым коллективно владеют несколько фермеров. Они естественным образом склонны пасти своих коров как можно дольше на общем пастбище (за счёт других), а не уводить их в оптимальное время (поскольку иначе чужие кроровы съедят всю траву). Пастбище общее, а значит, ничьё конкретно, поэтому оно быстро превращается в голый пустырь.

То же и с демократией. Она поощряет стремление граждан занять привилегированное положение по отношению к другим или переложить свои трудности на чужие плечи. Люди голосуют за политические партии, которые заставят за всё платить оппозицию (бесплатное образование, повышенные оклады, всевозможные льготы и т. п.). В случае с обедом в ресторане выигрыш не очень заметен, поскольку народу немного и каждый у всех на виду, но, когда речь идет о миллионах человек, выгода получается более чем существенная.

Политиков выбирают для манипулирования этой системой. Они управляют «общественным достоянием». Это достояние не их собственность, поэтому у них нет стимула обращаться с ним бережливо. Наоборот, они стараются израсходовать как можно больше, чтобы потребовались ещё и кредиты, выплачивать которые придётся их преемникам. В конце концов главное, чтобы избиратели были довольны. Это важнее, чем долгосрочные интересы страны. Результат — расточительство и убытки.

Пока «общественное достояние» находится в их распоряжении, политики стремятся не только как можно больше истратить, но и побольше положить себе в карман. Оставив пост, они уже не смогут делать это настолько легко и в таких количествах.

Эта система разрушительна для экономики. Насколько — людям ещё только предстоит осознать. Долги демократических правительств от одного к другому накапливаются, и выплата их большей частью откладывается на будущее.

Огромные государственные долги являются результатом огромного бюджетного дефицита, от которого страдают практически все демократические страны, и отнюдь не случайно. В Соединённых Штатах демократический «обед» настолько вышел из-под контроля, что национальный долг теперь превышает 14 триллионов долларов, то есть примерно 50 тысяч долларов на душу населения. В большинстве европейских стран ситуация та же самая. Национальный долг Нидерландов в конце 2010 года составлял около 380 миллиардов евро или 25 тысяч евро на душу населения. Эти долги рано или поздно придётся выплачивать, и делать это придётся не кому-нибудь, а налогоплательщикам, которые и так уже еле сводят концы с концами, выплачивая по ним проценты. В Нидерландах процент интереса по национальнмоу долгу в 2009 году достиг 22 миллиарда евро — больше, чем было истрачено на оборону и инфраструктуру. Это деньги, выброшенные на ветер государственным расточительством прошлых лет.

Но система прогнила гораздо глубже. Наши политики-демократы не только прожигают уплачиваемые нами налоги, но и контролируют деньги в нашем кармане. Через Федеральный резерв США и Европейский Центральный банк демократические правительства определяют курсы валют, сколько денег печатать, сколько их инвестировать в экономику и под какой процент выдавать себе же кредиты. При этом они ликвидировали некогда существовавшую связь между бумажными деньгами и их золотым обеспечением. Вся нынешняя финансовая система, включая наши сбережения и пенсионные фонды, все деньги, которые, как нам кажется, у нас есть, — всё это бумажки, сами по себе не имеющие никакой ценности.

Преимущества такой системы для государства очевидны. Она предоставляет в его распоряжение практически неисчерпаемый колодец денег. Ни у одного абсолютного монарха прошлого не было ничего подобного! Демократические лидеры могут черпать оттуда сколько угодно на поднятие экономики и своей популярности, не забывая при этом набивать себе карманы. Он делают это через Центральный банк, который, в свою очередь, возлагает процесс печатания денег на частные банки. Система устроена таким образом, что частным банкам предоставлено право давать в долг деньги, находящиеся на счетах вкладчиков (так называемое частичное банковское резервирование). Таким образом, с помощью всевозможных трюков в экономику вливается всё больше бумажных и электронных денег.

У этого есть несколько негативных сторон. Прежде всего деньги обесцениваются. Так продолжается уже более века. Со времени создания Федерального резерва США в 1913 году доллар обесценился на 95 процентов. Вот почему товары и услуги постоянно дорожают. В условиях по-настоящему свободного рынка цены должны бы постоянно снижаться в результате роста производительности труда и конкуренции. Но в нашей манипулируемой правительством системе, где в оборот поступает всё больше денег, цены постоянно растут. Кто-то от этого выигрывает (например, те, у кого большие долги, как у правительства), а кто-то теряет, как люди с фиксированными размерами пенсий и скромными сбережениями.

Вторая негативная сторона заключается в том, что постоянное вливание денег в экономику создаёт в ней один искусственный бум за другим. Мы уже были свидетелями бумов в сфере недвижимости, потребительских товаров, ценных бумаг. Но все они возникали из воздуха, как пузыри, которые рано или поздно лопались. Они возникали исключительно из возможности брать в банках дешёвые кредиты и влезать в большие долги. Такие периоды не могут длиться долго. Когда выясняется, что выплатить долги невозможно, пузырь лопается. Тогда наступает экономический кризис.

Власти обычно реагируют на кризис так, как и положено политикам-демократам, а именно — печатанием и вливанием в экономику ещё большего количества денег (при этом, разумеется, возлагая вину за кризис на «либералов» и «спекулянтов»). Они делают то, чего от них и ждут избиратели. Избиратели хотят, чтобы благополучие в экономике продолжалось как можно дольше, и политики делают для этого всё возможное, поскольку хотят быть избранными на новый срок. Американский писатель и политик Бенджамин Франклин увидел эту проблему ещё в XVIII веке. Он писал: «Когда люди обнаружат, что могут обогащаться путём голосования, республике настанет конец».

Включение печатного пресса обычно приносит некоторое облегчение, но всякий раз ненадолго. Сейчас мы со всей очевидностью достигли точки, когда больше невозможно добиться экономического подъёма, не повредив систему в целом. Власти больше на знают, что делать. Если они продолжат печатать деньги, это рискует вызвать гиперинфляцию, как в 1920-е годы в Германии или не так давно в Зимбабве. В то же время они не решаются перестать подпитывать экономику, поскольку иначе не избежать катастрофического упадка, а это не понравится избирателям. Короче говоря, систему заклинило. Правительства больше не в силах поддерживать в людях иллюзию, но и не могут себе позволить развеять её.

Таким образом, очевидно, что демократия ведёт не к процветанию, а к растущей инфляции и экономическому упадку с сопутствующими им нестабильностью и неопределённостью. Есть ли альтернатива этому? Конец демократическому расточительству положило бы восстановление уважения к частной собственности. Если все фермеры будут хозяевами своих угодий, они не допустят превращения их в пустыри. Если все граждане будут хозяевами продуктов своего труда, они не допустят бесполезной растраты ресурсов.

Это также означает, что финансовая система должна быть отобрана у политиков. Денежная система, как всё прочее в экономике, должна снова стать частью свободного рынка. Каждый должен иметь возможность выпускать свои деньги и принимать их в любой форме, какая нравится. Механизм свободного рынка сам обеспечит, чтобы пузыри в экономике больше не возникали, во всяком случае не таких размеров, какие мы наблюдали при государственном манипулировании финансовой системой.

Многие отнесутся к такой свободнорыночной денежной сисеме с опаской. Но исторически она была больше правилом, чем исключением. И она может помочь нам осознать, что процветание, о котором мы пока что только мечтаем, в конечном счёте представляет собой не что иное, как продукты нашего производительного труда в форме товаров и услуг. Не больше и не меньше. Никакие трюки и миражи, которыми нам морочат голову наши демократические правительства с их бумажными деньгами, не в состоянии изменить этот факт.

Миф 6: Только демократия обеспечивает справедливое распределение благ и помощь нуждающимся

Так ли необходима демократия для обеспечения справедливого распределения благ? Политики, разумеется, много говорят о солидарности и справедливом распределении благ, но справидлива ли сама их система распределения? Прежде всего, чтобы было что распределять, это надо произвести. Государственные субсидии и услуги многим кажутся бесплатными, но это не так.

Примерно половину нашего реального заработка правительство у нас отбирает и перераспределяет. Даже если допустить, что оно имеет на это право, это не даёт ответа на вопрос: обеспечивает ли демократическая система справедливое перераспределение? Поступают ли деньги тем, кто в них больше всего нуждается? Если бы! Большинство грантов и субсидий получают группы особых интересов в парламенте. Только один пример: две пятых бюджета Евросоюза расходуется на субсидирование сельского хозяйства.

Лоббистские группы ведут постоянную борьбу за гранты, льготы и рабочие места. Каждая стремится отхватить от «общего» пирога кусок побольше. В этой системе поощряются паразитизм, фаворитизм и раболепство, а личная ответственность и самостоятельность игнорируются. Банки, крупные корпорации, землевладельцы, публичные радиостанции, экологические движения и учреждения культуры получают многомиллиардные гранты и субсидии не потому, что они самые обездоленные и нуждающиеся, а потому что находятся в прямом конакте с властью. Больше всех, разумеется, получают те, кто непосредственно управляет системой. Они всеми силами демонстрируют свою незаменимость и устанавливают себе астрономические оклады.

Парламентские группы особых интересов не только выигрывают от особой щедрости к ним правительства, но и умело проводят в жизнь такие законы, которые позволяют им обогащаться за счёт остального общества. Примеров этому неисчислимое множество. Взять хотя бы запреты и квоты на импорт продовольствия, которые выгодны сельскохозяйственной отрасли, но приводят к высоким ценам на продукты питания. Или профсоюзы, которые совместно с политиками поддерживают минимальные зарплаты на высоком уровне, тем самым ограничивая конкуренцию на рынке труда. В итоге страдают наименее образованные — не имея права платить им мало, компании не берут их на работу вообще.

Или законы о лицензиях — хитроумный способ избавиться от нежелательных конкурентов. Лицензии позволяют аптекарям нейтрализовать конкуренцию со стороны супермаркетов и независимых продавцов в интернете. В медицине таким же образом устраняется конкуренция со стороны «нелицензированных» частных практиков. Сюда же относится законодательство в области патентов и авторских прав, с помощью которого существующие компании, например, в фармацевтической промышленности и шоу-бизнесе, препятствуют появлению новых производителей и артистов.

Могут ли избиратели выступить против привилегий для групп особых интересов? Теоретически да. На практике же огромные прибыли, получаемые группами особых интересов, несопоставимы с мизерным ущербом для каждого отдельного члена общества. Например, если из-за таможенной пошлины цена фунта сахара поднимется на три цента, это будет в высшей степени прибыльно для отечественных производителей (и государства), но слишком мало, чтобы вызвать возмущение индивидуального потребителя. Таким образом, группы особых интересов очень заинтересованы в сохранении этих прибылей, в то время как огромные массы избирателей слишком заняты, чтобы обращать внимание.

Многие из нас вероятно и не подозревают о существовании всех этих хитроумных схем. А между тем вместе они оборачиваются значительными потерями и снижением уровня жизни для тех, у кого нет своих собственных лобби в Вашингтоне или другой столице. Таким образом, демократия неизбежно вырождается в механизм перераспределения, с помощью которого наиболее влиятельные и лучше организованные обогащаются в ущерб остальным. Само собой разумеется, что лоббистские группы не остаются в долгу и щедро спонсируют политические кампании своих благодетелей.

В нашей стране, Нидерландах, которую можно рассматривать как типичное европейское государство всеобщего благосостояния, Бюро социального и культурного планирования (правительственное агентство) в отчёте, опубликованном в августе 2011 года, пришло к заключению, что группы со средними доходами получают от государственных прибылей меньше, чем группы с более низкими или более высокими доходами. Исследователи установили, что в действительности группы с самыми высокими доходами больше всех и получают от государственных прибылей! Исследование ограничивалось 2007 годом, но нет никаких причин полагать, что в другие годы результаты были бы иными. Группы с высокими доходами в Нидерландах выигрывают, в частности, благодаря субсидиям на высшее образование, уход за детьми и развитие искусств.

Многие опасаются, что если образование, здравоохранение, общественный транспорт, обеспечение жильём и т. п. будут отданы на откуп частному бизнесу, бедным людям эти услуги станут не по карману. Однако на самом деле свободный рынок обеспечивает бедняков лучше, чем государство. Возьмём супермаркеты, где мы покупаем товары самой первой необходимости — продовольственные. Они предоставляют нам широкий выбор продуктов высокого качества по низким ценам. Благодаря инновациям и конкуренции свободный рынок сделал доступными для групп с низкими доходами (таким как заводские рабочие и студенты) легковые автомобили, персональные компьютеры, мобильные телефоны и авиационные путешествия, которые прежде могли себе позволить только богатые. Если бы уход за стариками был организован так же, как торговля в супермаркетах, без вмешательства государства, разве мы не получили бы аналогичные результаты? В этом случае люди преклонного возраста и их близкие сами решали бы, какие услуги и по каким ценам им больше подходят. Они имели бы гораздо больше контроля над предоставляемыми услугами и их стоимостью.

Но если бы государство перестало вмешиваться в работу школ, больниц и яслей, разве не пострадало бы в этих учреждениях качество обучения, лечения и обслуживания? Наоборот. Представьте, на что станут похожи наши продовольственные магазины, если организовать в них работу, как в государственных школах. Бессмысленно ожидать от горстки столичных «специалистов» эффективного управления такими огромными и сложными секторами, как образование и здравоохранение. Своими бесконечными реформами, указами, комитетами, комиссиями, отчётами, директивами, руководствами и сокращениями они бы только произвели ещё больше бюрократизма.

Подлинные эксперты работают в школах и больницах. Они знают всё о своей сфере деятельности и лучше всех способны эффективно организовать работу своих учреждений. У кого не получится, те просто не выживут на свободном рынке. По этой причине качество обучения и медицинского обслуживания без государственного вмешателства не снизится, а повысится. Бюрократизм, длинные очереди и переполненные классы исчезнут. Как исчезнут грязные супермаркеты с просроченными продуктами и глазные кабинеты с записью на полгода вперёд. Их ликвидирует рынок.

Не все в состоянии сами себя обеспечить и о себе позаботиться. Такие люди нуждаются в помощи. Но чтобы им помощь, нет никакой необходимости создавать массивный механизм перераспределения в виде нашей демократической системы. Это может быть сделано частными и благотворительными организациями — да что там, просто частными лицами, способными и желающими помочь. Утверждение, будто нам нужна демократия, чтобы помогать бедным и обездоленным, это дымовая завеса для эгоистов, которым механизм перераспределения служит кормушкой.

Миф 7: Демократия необходима для социальной гармонии

Некоторые полагают, что демократическое принятие решений позволяет избежать конфликтов. Их аргумент: если каждый будет преследовать только свои интересы, это неизбежно приведёт к ссорам.

Это может быть верно, когда, например, компания друзей решает, пойти им в кино или на пляж. Но большинство вопросов не нуждаются в том, чтобы решать их демократически. На самом деле именно демократическое принятие решений чаще всего и создаёт конфликты. Так происходит потому, что в условиях демократии личные и общественные вопросы превращаются в коллективные. Вынужденное подчинение демократически принятым решениям не сближает, а разъединяет людей.

Например, мы «демократически» решаем, чему учить детей в школе, сколько денег тратить на заботу о стариках, сколько на помощь отсталым странам, можно ли курить в барах, какие каналы ТВ финансировать из бюджета, какие расходы на лечение покрывать из фонда социального обеспечения, насколько высокой должна быть квартплата, можно ли женщинам носить платки, какие лекарства принимать разрешается, а какие нет, и т. д. Все эти решения вызывают в обществе конфликты и трения, которых легко избежать, предоставив людям самим принимать решения и брать на себя ответственность за последствия.

Предположим, что мы демократически решили, сколько и какого хлеба следует выпекать каждый день. Это сразу же вызовет бесконечное лоббирование, агитационные кампании, перебранки, митинги и протесты. Сторонники белого хлеба будут рассматривать любителей чёрного как своих политических врагов. Если любителей чёрного хлеба окажется большинство, все субсидии пойдут на его производство, а белый — почему нет? — будет вообще запрещён. И наоборот, разумеется.

Демократия это вроде автобуса, где пассажиры должны коллективно решить, куда водителю ехать. Левые голосуют за Сан-Франциско, консерваторы предпочитают Даллас, либертарианцы хотят в Лас-Вегас, зелёные в Вудсток, а остальные ещё в тысячу разных мест. В этом случае автобус скорее всего приедет туда, куда никому не надо. Даже если у водителя нет никакого личного интереса и он внимательно выслушает мнение каждого пассажира, он при всём желании не сможет удовлетворить их всех. Мнений почти столько же, сколько пассажиров, а автобус один.

По этой же причине новые лица в политике, которых вначале приветствуют как спасителей, в конечном счёте никогда не оправдывают надежд. Никто не может достичь недостижимого. «Да, мы можем!» на старте всегда превращается в «Нет, не можем» на финише. Даже самому мудрому человеку на свете не под силу исполнить противоположные желания.

Не случано политические дискуссии зачастую так эмоциональны. Чем больше участников, тем быстрее любой разговор «за жизнь» принимает политическую окраску. Потому что сколько людей, столько мнений о том, «как надо жить», и тщетно пытается демократия привести это множество мнений к какому-нибудь общему знаменателю.

Задачка с автобусом решается просто: пусть каждый сам решает, куда и с кем ему ехать, и сам выбирает транспорт, следующий соответствующим маршрутом. Пусть люди сами решают, как им жить, сами решают свои проблемы и создают свои собственные группы. Пусть сами решают, что им делать со своими телом, умом и деньгами. Многие наши «политические» проблем исчезнут, как по мановению волшебной палочки.

В условиях демократии, однако, происходит прямо противоположное. Система стимулирует людей превращать их личные предпочтения в коллективные цели, которым должны следовать все. Она заставляет тех, кто хочет ехать в пункт «икс», толкать в том же направлении и других. Особенно прискорбное следствие демократической системы состоит в том, что люди склонны объединяться в группы, которые неизбежно вступают в конфликт с дргуми группами. Так получается потому, что только у членов достаточно большой группы (например, блока избирателей) есть хоть какой-то шанс придать их идеям силу закона. Так и сражаются стенка на стенку отцы и дети, фермеры и горожане, иммигранты и коренные жители, христиане и мусульмане, верующие и атеисты, рабочие и работодатели, и т. д. Чем больше между людьми различий, тем ожесточённее между ними борьба. Когда одна группа считает, что гомосексуализм это грех, а другая требует включить изображения моногамной семьи в школьные учебники, столкновение неизбежно.

Практически все понимают, что свобода вероисповедения, насчитывающая уже много веков, была разумной идеей, которая ослабила социальную напряжённость между религиозными группами. Католики больше не вправе указывать протестантам, как те должны жить, и наоборот. При этом, похоже, мало кто понимает, что напряжённость возникает и в случаях, когда благодаря нашей демократической системе работники считают себя вправе диктовать работодателям, как те должны управлять предприятием, старики — заставлять молодых платить им пенсии, банки — погашать свои долги за счёт вкладчиков, вегетарианцы — плевать в тарелки любителям мяса, и т. д.

Представлять свою группу слабой, обделённой, бесправной и дискриминируемой тоже приносит выгоду. Это один из способов

получить от правительства привилегии и субсидии, а для правительства это возможность оправдать своё существование и продемонстрировать свою приверженность принципам «социальной справедливости».

Американский сатирик и эссеист Г. Л. Менкен писал: «В этом мире люди ценят не права, а привилегии». Это относится ко многим социальным группам и очень характерно для демократии. Если раньше женщины, чернокожие и гомосексуалисты боролись за свободу и равные права, то сегодня их активисты часто требуют привилегий в виде квот, преимущественных прав и принятия антидискриминационных законов, ограничивающих свободу слова. Они называют это правами, но поскольку это права только для определённых групп, их правильнее будет назвать привилегиями. Подлинные права, как право на свободу слова, распространяются на всех, а привилегии — только на определённые группы. Они делают ставку на силу, потому что получить требуемое они могут лишь отняв его у кого-то.

Другая тактика извлечения льгот и привилегий из демократической системы заключается в представлении своей деятельности как необходимой для спасения общества от какой-нибудь катастрофы. Если мы не остановим глобальное потепление, не укрепим евро или не спасём банки, то человечество обречено, мир ввергнется в хаос и пострадают миллионы людей. Об этом тоже очень хорошо сказал Г. Л. Менкен: «За стремлением спасти человечество почти всегда скрывается стремление к власти».

Обратите внимание, что при демократии можно делать любые заявления, не опасаясь последствий. Можно защищать нелегальных иммигрантов, проживая в укромном местечке, куда они никогда не нагрянут. Можно голосовать за субсидии оперным залам или музеям, не собираясь покупать туда дорогие билеты и зная, что расплачиваться за субсидии будут другие. Такие люди часто смотрят на окружающих с видом морального превосходства. «Мы не хотим выставлять искусство на свободный рынок», — с достоинством говорят они. На самом деле это заявление означает: «*Я* этого не хочу, а за последствия *моего* каприза пусть расплачивается общество».

«Мы» — самое заезженное слово при демократии. Поборник какого-нибудь закона всегда говорит: «Мы хотим этого», «Мы должны принять меры», «Нам этом нужно», «Мы имеем право». Как будто выступает от имени всех. В действительности это *он* хочет, но боится взять на себя одного ответственность. Люди говорят: «Мы должны помочь странам третьего мира». Или: «Мы должны напасть на Афганистан». Никто не говорит: «*Я* хочу помочь странам третьего мира», «*Я* хочу напасть на Афганистан, кто со мной?» Таким образом, демократия очень удобна для перекладывания личной ответственности на плечи других. Достаточно сказать «мы» вместо «я», и 99,999% ответственности за принятое решение понесут другие.

Этому охотно потворствуют политические партии. Они в прямой или завуалированной форме обещают своим избирателям, что те получат все блага за счёт остального народа. Левые заявляют: «Голосуйте за нас, мы отнимем деньги у богачей и отдадим вам». Правые призывают: «Голосуйте за нас, мы финансируем войну в Афганистане деньгами тех, кто против войны». Те и другие говорят фермерам: «Голосуйте за нас, мы обеспечим вас субсидиями за счёт остальных слоёв населения».

Так какая же это система — доброй воли и солидарности или антисоциальная и паразитическая?

Так называемая солидарность при демократии в конечном счёте основана на применении силы. Но солидарность не может быть принудительной. Настоящая солидарность подразумевает добровольные действия. О жертве ограбления на улице не говорят, что она проявляет солидарность с грабителем, какие бы благородные мотивы им ни двигали.

В действительности те, кто использует демократическую систему для принуждения людей к солидарности, делают так исключительно потому, что им самим ни за что платить не придётся. Обратите внимание, что они никогда не выступают за аналогичное перераспределение благ в глобальном масштабе. Если помощь малоимущим доброе дело, то почему не распространить его на весь мир? Почему не создать глобальную систему социальной справедливости? Очевидно, западные сторонники перераспределения понимают, что глобальное перераспределение ограничило бы их доходы несколькими тысячами долларов в год. Естественно поэтому, что они предпочитают «честно делиться» с более состоятельными людьми.

Чтобы поделиться с кем-то своими деньгами, вам не нужна поддержка большинства. У вас для этого достаточно свободы. Вы просто открываете бумажник и даёте сколько хотите. Можете лично перечислить в благотворительный фонд, а можете собраться с единомышленниками и сделать это коллективно. Но добровольно. Нет никакого оправдания принуждению других поступать так же.

Миф 8: Демократия необходима для чувства общности

Таким образом, в условиях демократии любое различие во мнениях ведёт к борьбе за власть и ресурсы, и одна группа побеждает за счёт другой. Все предъявляют требования к государству, а оно заставляет остальных подчиняться этим требованиям. Иначе и быть не может, потому что государство это в конечном счёте не что иное, как инструмент власти, осуществляемой путём принуждения.

Эта система портит людей; они требуют от своих правителей всё больше и больше и недовольны, если не получают. В то же время у них нет выбора, кроме как помогать системе функционировать, потому что в противном случае они будут ограблены остальной частью населения. Тем самым система подрывает в людях уверенность в себе и их способность постоять за себя. Она искореняет в людях и желание помогать друг другу, поскольку они и так постоянно делают это по принуждению.

Менталитет людей уже настолько «демократизирован», что они больше не сознают, до какой степени их поступки и идеи на самом деле антисоциальны. В наши дни всякий, кто хочет открыть спортклуб, провести культурное мероприятие, организовать работу с детьми, создать общество охраны природы и т. д., стремится получить на это средства от местных или центральных властей. Иными словами, эти люди хотят делать то, что им нравится, за счёт других. И это отчасти логично, потому что, если ты не играешь по действующим правилам, тебе придётся платить за чужие идеи, ничего не получая взамен. Однако такая система имеет мало общего с идеей общности, которую принято связывать с демократией. Это скорее система, где в борьбе за добычу побеждает сильнейший.

Бывший канцлер Германии Людвиг Эрхард, архитектор немецкого послевоенного «экономического чуда», знал об этой проблеме демократии. «Как можем мы продолжать движение вперёд, если мы всё больше склоняемся к образу жизни, где никто не хочет брать на себя ответственность и все ищут спасения в коллективизме? — спрашивал он. — Если эта мания будет продолжаться, наше общество превратится в социальную систему, где каждый живёт, засунув руки в карманы другого».

Кто-то спросит, а не потеряем ли мы наше национальное чувство единства, если перестанем всё решать «вместе»? Несомненно, каждая страна это в некотором смысле община. В этом нет ничего плохого, это может быть даже хорошо. Мало кому нравится жить отшельником. Люди нуждаются в общении и взаимодействии, в том числе по экономическим причинам.

Но возникает вопрос: так ли необходима для этого демократия? Оказывается, нет. Говоря об общине, мы имеем в виду нечто большее, чем некую политическую систему. Людей объединяют общий язык, культура, история. У каждой страны есть не только свои национальные герои, знаменитости и чемпионы, но и своя литература, свои культурные ценности, свой образ жизни. Ничто из этого не связано с демократической системой. Всё это существовало задолго до демократии и никуда не денется без неё в будущем.

В то же время нет ни одной страны с полностью унифицированной культурой. В каждой стране между людьми существует масса различий. Есть много региональных и этнических общин с сильными внутренними связями. И в этом тоже нет ничего плохого. В рамках свободного общества все эти социальные структуры и различия прекрасно сосуществуют. Самое примечательное качество этих общин: они *добровольны*. Государство не принуждает и не может принуждать людей объединяться в них, поскольку культура и общины присущи людям органически. Их невозможно создавать силой или путём голосования.

Разница между этими социальными образованиями и демократией состоит в том, что демократия представляет собой организацию, членство в которой является обязательным. Подлинная община основана на добровольном участии. В такой общине могут, разумеется, действовать и «демократические» правила. Члены теннисного клуба могут выбирать себе президента, методом голосования определять размер членских взносов, и т. п. В этом нет ничего плохого. Это частная ассоциация, и каждый сам волен решать, вступать в неё или нет. Кому не нравится, как работает данный клуб, может перейти в другой или создать свой собственный. Добровольная природа клуба сама собой обеспечивает его честное управление. Если, к примеру, совет клуба будет замечен в фаворитизме, многие члены покинут клуб. Но в нашей демократической системе ни у кого нет возможности просто взять и уйти из клуба. Демократия принудительна.

Некоторые говорят о своей стране: «Люби её или уезжай». Однако это подразумевает, что страна принадлежит государству, коллективу, и что всякий, кому случилось родиться в ней, становится подданным государства автоматически. Права выбора в данном случае нет.

Если какого-то жителя Сицилии обирает мафия, никто не говорит: «Не нравится — уезжай». Если страна сажает гомосексуалистов в тюрьму, люди не говорят: «У них нет причин жаловаться. Если бы им не нравились законы, они давно эмигрировали бы». Как Сицилия не принадлежит мафии, так и США (или любая другая страна) не принадлежат большинству избирателей или правительству. Жизнь человека принадлежит только ему самому, а не какому-то там «большинству». Люди вправе делать со своей жизнью всё, что им вздумается, при условии, что они не причиняют вреда другим путём насилия, воровства или мошенничества. Однако в условиях нашей национальной парламентской демократии люди практически лишены права распоряжаться своей собственной жизнью.

Миф 9: Демократия означает свободу и толерантность

Один из самых устойчивых мифов о демократии состоит в том, что она якобы является синонимом свободы. Для многих свобода и демократия так же неразделимы, как Луна и звёзды. Однако в действительности свобода и демократия это две противоположности. При демократии все должны подчиняться решениям правительства. Неважно, что правительство избрано большинством населения. Принуждение остаётся принуждением независимо от того, исходит оно от большинства народа или от единоличного правителя.

В условиях демократии никто не может уклониться от повиновения правительству. Если вы не подчинитесь, вас оштрафуют, а если откажетесь заплатить штраф, можете попасть за решётку. Всё просто. Попробуйте не заплатить штраф за превышение скорости. Или не уплатить налоги. В этом смысле нет принципиальной разницы, демократия на дворе или диктатура. Для таких, как Аристотель, который жил во времена, когда демократию ещё не возвели в ранг святых, это было очевидно. Он писал: «Неограниченная демократия это та же олигархия — тирания большого числа людей».

Свобода означает, что вы не обязаны делать то, чего хочет от вас большинство, а вправе сами решать, что вам делать. Как однажды сказал экономист Джон Т. Уэндерс, «Есть разница между демократией и свободой. Свобода измеряется не тем, что мы решаем путём голосования. Она измеряется спектром вопросов, которые мы решаем *без* голосования».

Этот спектр очень узок при демократии. Демократия не дала нам свободу, а отняла её у нас. Правительство ввело бесчисленное множество законов, которые сделали многие добровольные формы взаимодействия и отношений в обществе невозможными. Арендаторы и землевладельцы не свободны заключать контракты по своему усмотрению; работодатели и работники не свободны договариваться между собой о размерах зарплат и условиях труда; врачи и пациенты не вправе сами решать, какое лечение и какие лекарства лучше; школы не свободны учить детей тому, чему сами считают нужным; гражданам не разрешается предпочитать одних людей другим («дискриминация»); предприятия не имеют права брать на работу кого они сами хотят; люди не свободны выбирать любую профессию, какая им нравится; во многих странах политические партии обязаны выставлять на выборные посты кандидатов-женщин; образовательные учреждения обязаны соблюдать расовые квоты — перечислять можно до бесконечности. Всё это имеет мало общего со свободой. Почему люди не вправе заключать соглашения и контракты, которые им самим нравятся? Почему они должны слушаться тех, кто не является стороной договора?

Законы, которые ограничивают свободу людей заключать соглашения по собственной доброй воле, могут быть выгодны одним группам людей, но неизменно вредят другим. Минимальная заработная плата выгодна одним рабочим, но вредит менее продуктивным, для которых минимальные нормы выработки слишком высоки. Брать таких людей на работу невыгодно, и они остаются совсем без работы.

Аналогичным образом законы, защищающие людей от увольнения, могут быть выгодны некоторым работникам, но лишают работодателей возможности нанимать новых. Чем жёстче законодательство о труде, тем больше у работодателей причин для опасений, что они останутся у разбитого корыта с работниками, от которых будет невозможно избавиться, когда интересы бизнеса потребуют этого. В результате они нанимают как можно меньше людей даже в благополучное время. Больше всего страдают от этого опять-таки рабочие низкой квалификации. Вызванный таким положением высокий уровень безработицы заставляет людей держаться за любое место работы, даже если бы они с удовольствием сменили его.

Законы, ограничивающие максимальный размер квартплаты, выгодны арендаторам, но снижают интерес домовладельцев сдавать жилплощадь, а инвесторов — вкладывать деньги в строительство нового жилья. Таким образом, эти законы ведут к нехватке жилья и взлёту арендной платы, от чего страдают нуждающиеся в жилье.

Или возьмём законы, устанавливающие минимальные стандарты для товаров и услуг. Разве они выгодны не всем? Нет, не всем. Негативная сторона этих законов состоит в том, что они ведут к сокращению поставок, сужению потребительского выбора и повышению цен (и опять больше всех страдают бедные). Например, законы в отношении стандартов безопасности автомобилей ведут к повышению цен, и многие модели становятся не по карману группам с низкими доходами, которых тем самым лишают возможности самим решать, какой риск на дороге для них приемлем, а какой нет.

Чтобы яснее увидеть тёмную сторону «защитительных» законов, представьте, что правительство запретило продажу автомобилей, по качеству уступающих Мерседесам. Значит ли это, что мы все начнём ездить на самых лучших и безопасных автомобилях? Нет, на дорогах останутся только те, кому по карману Мерседес. Или другой вопрос: почему бы правительству не утроить размер минимальной заработной платы? Мы все стали бы втрое богаче, нет? Нет, только те, у кого есть работа. Для остальных ничего не изменится. Правительство своими законами не творит никаких чудес, хотя многим так кажется.

В условиях демократии вы не только обязаны делать всё, что скажет правительство, но и не можете делать практически ничего без его разрешения. На практике у нас ещё остались кое-какие индивидуальные свободы, но и они не столько остались, сколько *оставлены, разрешены* нам. Все свободы в демократическом обществе предоставляются государством и могут в любой момент быть отобраны.

Хотя никто не спрашивает у правительства разрешения выпить кружку пива, косвенно такое разрешение подразумевается. Наше демократически избранное правительство, если захочет, может и запретить нам пить пиво. Так, кстати, уже было в США в годы «сухого закона». Сегодня пиво там пить разрешается только лицам не моложе 21 года.

В других демократических странах действуют аналогичные правила. В Швеции крепкие напитки можно покупать только в государственных магазинах. Во многих странах и штатах проституция является преступлением, а гражданам Норвегии «любовь за деньги» запрещается даже за границей. В Нидерландах без разрешения правительства нельзя построить даже навес для садовых инструментов или перекрасить фасад своего дома в другой цвет. Очевидно, что всё это примеры диктатуры, а не свободы.

Порой можно услышать возражения, что в странах западной демократии большинство не может делать всё, что ему заблагорассудится, и что демократия даже защищает права меньшинства. Это миф. Да, есть отдельные меньшинства, которые находятся под особой «защитой» государства, такие как феминистки, гомосексуалисты и некоторые этнические меньшинства. В то же время с другими меньшинствами, такими как мексиканцы в США, курильщики, наркоманы, сезонники, сквоттеры, христиане в нехристианских странах, обращаются прямо противоположным образом. Популярность некоторых меньшинств больше объясняется модой, чем демократией.

Причины, по которым при демократии те или иные меньшинства либо игнорируются, либо оказываются в привилегированном положении, могут быть самыми разными. Некоторые очень активны и при малейшем посягательстве на их «права» (читай: привилегии) выходят на улицы, как государственные служащие, члены профсоюзов и фермеры во Франции. С другими обращаются осторожно ввиду их обычно агрессивной реакции на попытки призвать их порядку; к таким относятся футбольные фанаты, этнические банды, активисты «зелёных». Если бы курильщики, некогда составлявшие большинство населения, решительнее протестовали против ущемления своих прав, многие законы против курения могли бы и не быть приняты.

Суть в том, что ни демократическая система как таковая, ни сам принцип демократии ни в коей мере не гарантируют права меньшинств. Принцип демократии как раз и заключается в том, что ни у кого нет каких-то особых и неотъемлемых прав. Парламент или конгресс может принять любой закон, какой ему нравится, не обращая внимания на интересы меньшинств. А настроение вещь переменчивая. Сегодня одно меньшинство в фаворе, а завтра оно же стало козлом отпущения.

Но разве в демократических странах нет конституции, которая защищала бы граждан от законотворческой тирании большинства? Есть, но конституция не всесильна. Обратите внимание, что американская Конституция была принята ещё до того, как США стали демократией. Кроме того, по желанию большинства, в конституцию можно совершенно демократически внести любые изменения (что и делалось много раз). «Сухой закон» в США был введён в качестве поправки к Конституции. Подоходный налог тоже. Сама возможность исправлять конституцию демонстрирует, что она подвластна демократическому контролю, то есть воле большинства. Это не значит, что изначально американская Конституция была идеальной: она, например, разрешала рабство.

В других демократических странах конституции защищают индивидуальные права ещё хуже, чем в США. По голландской конституции, государство должно обеспечивать людей работой, жильём, средствами к существованию, медицинским обслуживанием, гарантировать справедливое перераспределение благ и т. д. Такая конституция больше похожа на предвыборную программу социал-демократов, чем на манифест индивидуальной свободы. В конституции Европейского Союза сказано, что он «будет работать в целях устойчивого развития Европы на основе сбалансированного экономического роста и стабильности цен, высококонкурентной социальной рыночной экономики, стремления к полной занятости и социальному прогрессу, а также высокого уровня защиты и улучшения качества окружающей среды». Эта и другие статьи документа предоставляют европейским властям широкие возможности для вмешательства в личную жизнь людей. Между прочим, Франция и Нидерланды на референдумах проголосовали против этой конституции, однако её всё равно протолкнули.

Ещё говорят, будто демократия обеспечивает свободу слова, но это тоже миф. В демократии нет ничего, что благоприятствовало бы свободе слова, в чём убедился ещё Сократ. В демократических странах есть масса законов, ограничивающих свободу слова. Например, в Нидерландах запрещено неуважительно отзываться о королеве.

В США Первая поправка к Конституции гарантирует свободу слова, но с целым списком исключений (непристойности, клевета, призывы к насилию и выражения, провоцирующие насилие, личные оскорбления, информация личного характера, коммерческие тайны, секретные материалы, авторских права, патенты, военные сведения, речи коммерческого содержания, такие как реклама, и т. д., и т. п.).

Как бы то ни было, напомним, что Конституция США (и связанные с ней гарантии свободы слова) была принята раньше, чем Америка стала демократической. Люди в демократических странах Запада имеют определённые свободы не потому, что у них демократия, и потому, что у них сохранились традиции классического либерализма и либертарианства, зародившиеся в XVII-XVIII веках, задолго до демократии. Многие в этих странах не хотят терять эти свободы, хотя сам дух свободы всё активнее подменяется духом демократической коррупции.

В других частях света люди не так дорожат личной свободой. Многие незападные демократии проявляют к ней очень мало уважения. В демократических исламских государствах, таких как Пакистан, права женщин очень ограниченны, а свобода слова и свобода вероисповедания практически отсутствуют. В таких странах демократия служит оправданием угнетения. Если бы в Катаре или Кувейте вместо абсолютной монархии ввели демократию, свобод там стало бы скорее меньше, чем больше. Палестинцы в секторе

Газа демократически выбрали в качестве правителей лидеров фундаменталистского и не очень-то свободолюбивого Хамаса (по иронии судьбы, правительства США и других стран западной демократии не признали выбор палестинцев законным).

Миф 10: Демократия способствует миру и борьбе с коррупцией

На международной арене демократические государства почти по определению хорошие, а все остальные плохие. Ведь демократические страны всегда за мир, не так ли? Не совсем. Демократии часто ведут себя достаточно агрессивно. Соединённые Штаты, самая мощная демократия в мире, развязала десятки войн. На счету у американского правительства множество государственных переворотов, оно оказывало и оказывает поддержку диктаторским режимам (Мобуту, Сухарто, Пиночет, Маркос, Сомоса, Батиста, иранский шах, Саддам Хусейн и т. д.), сбрасывало бомбы на беззащитное гражданское население, в том числе атомные. В настоящее время США имеют более 700 военных баз в сотне с лишним стран и тратят на «оборону» столько же, сколько все остальные страны мира вместе взятые.

Демократическая Великобритания является изобретателем концентрационных лагерей (в Южной Африке), ей же принадлежит первенство в подавлении националистической оппозиции в своих колониях путём авиационных бомбардировок, уничтожавших целые деревни (в 1920-е годы в Ираке). Демократическая Британская империя подавила движения за независимость в таких бывших колониях, как Афганистан, Индия и Кения. Сразу после освобождения союзными войсками от нацистов демократические Нидерланды начали войну в Индонезии против народа, который хотел обрести независимость. Франция сделала то же самое в Индокитае. На совести у таких демократических стран, как Бельгия и Франция, целый перечень грязных войн в Африке (Бельгийское Конго, Алжир и т. д.). Соединённые Штаты по сей день воюют в Ираке и Афганистане, применяя пытки и убивая тысячи невинных людей.

Вариант того же мифа гласит, что демократии не воюют *меж-*

ду собой. Бывший британский премьер-министр Маргарет Тэтчер в ходе визита в Чехословакию в 1990 году заявила: «Демократии не воюют друг с другом». То же самое в 1994 году, выступая в американском Конгрессе, сказал Билл Клинтон: «Демократии не нападают друг на друга». Подразумевается, что все войны, которые вели демократические страны, были справедливыми, поскольку не были направлены против других демократических стран, и что если весь мир станет демократическим, то войн больше не будет.

После Второй мировой войны многие западные страны, они же «демократические», объединились в НАТО, в рамках которого действительно не склонны воевать друг с другом. Но это никак не связано с демократией и не означает, что исторически демократии всегда были доброжелательны друг к другу.

В Древней Греции демократические города-государства то и дело воевали друг с другом. В 1898 году США воевали с Испанией. В Первую мировую войну Великобритания и Франция сражались против не менее демократической Германии. С 1947 года между демократической Индией и демократическим Пакистаном было несколько войн. Соединённые Штаты поддерживали антидемократические перевороты против демократически избранных правительств в Иране, Гватемале и Чили. Израиль развязывал войны против таких демократий, как Ливан и сектор Газа. Демократическая Россия не так давно атаковала демократическую Грузию.

То, что современные западные демократии не воевали между собой после Второй мировой войны, объясняется специфическими историческими обстоятельствами, на основе которых трудно строить общие заключения. Самой главной причиной является их объединение в военный альянс, НАТО.

Согласно другому правилу, «страны, в которых есть рестораны «Макдональдс», между собой не воюют». Довольно долгое время так оно и было, но в 1999 году авиация НАТО подвергла бомбардировке Сербию, затем Израиль вторгся в Ливан, затем вспыхнул конфликт между Россией и Грузией. Так что данное правило значит не больше, чем заявления Тэтчер и Клинтона.

Можно даже сказать, что демократия привела к *интенсификации* войн. До того, как демократия вошла в моду, то есть до XVIII века, короли вели войны с помощью армий наёмников. Воинской повинности не было, и у народов не было причин истреблять или ненавидеть другие народы.

С появлением демократическо-националистических государств ситуация изменилась. Во всех демократических странах была введена всеобщая воинская повинность, первым делом во Франции, где в период Французской революции на войну с народами других стран было мобилизовано всё население. С рекрутами обращались бесцеремонно, как с пушечным мясом, поскольку их легко было заменить новыми.

Ставить знак равенства между демократией и национализмом кажется не совсем справедливым, но эти идеологии не случайно получили распространение в одно и то же время. Демократия значит «народовластие». В этом понятии уже заложены националистические тенденции. Демократические права подразумевают и демократические обязанности. Вы имеете право голоса, а следовательно, обязаны защищать свою страну с оружием в руках.

Не будем забывать, что кровопролитная Первая мировая война (которая подготовила почву для тоталитарных режимов XX века и Второй мировой войны) была в значительной мере войной между демократическими или полудемократическими странами. Первая мировая война вспыхнула в Европе после того, как демократический национализм отодвинул на второй план классическое либеральное мышление.

В Соединённых Штатах призывы к войне исходили главным образом от прогрессивных демократов, чьи идеи начали доминировать в американском обществе в конце XIX века. США вступили в Первую мировую войну под знаменитым лозунгом президента Вильсона: «Сделать мир безопасным для демократии». Если бы американцы сохранили верность либертарианским, «изоляционистским» принципам отцов-основателей, они не вступили бы в Первую мировую войну. Тогда война кончилась бы ничем. Странам антигерманской коалиции не хватило бы сил, чтобы навязать Германии разорительный Версальский договор. Гитлер в таком случае мог не прийти к власти, и не было бы ни Второй мировой войны, ни холокоста.

Демократия также не обязательно сопровождается большей «прозрачностью» деятельности властей и их большей ответственностью перед народом, хотя многие думают, что это так. В действительности уже сам факт, что политикам нужны голоса избирателей, порождает коррупцию. Они должны чем-то заинтересовать людей, чтобы те проголосовали за них, а не за соперников. Такого рода коррупция широко распространена в США, где политики не останавливаются ни перед чем, лишь бы получить для своего штата побольше денег из федерального бюджета. Таким образом, они становятся куклами в руках могущественных промышленных лобби, которые оплачивают их дорогостоящие предвыборные кампании. Кроме того, вращающиеся двери Вашингтона уже стали символом того, как высокопоставленные чиновники переходят из политики в частный бизнес (или военное ведомство) и обратно, не останавливаясь.

Другие демократические страны демонстрируют аналогичные формы коррупции. В развивающихся странах демократия и коррупция практически неразделимы. То же самое относится к России, Италии, Франции, Греции. Чем больше государство вмешивается в жизнь общества, тем выше уровень коррупции. Это верно для любой политической системы, включая демократию.

Миф 11: При демократии люди получают то, чего хотят

Основная идея демократии состоит в том, что она отвечает чаяниям людей или хотя бы их большинства. Иными словами, можно жаловаться на результаты нашей демократической системы, но в конечном счёте мы получаем то, чего хотим, поскольку сами делаем демократический выбор.

Это звучит красиво в теории, но в действительности всё обстоит иначе. Например, все за то, чтобы образование было лучше. Однако лучше оно не становится. Школа превратились в заводской конвейер и рассадник насилия; учителей оскорбляют, многие учащиеся не умеют читать, писать и считать. Дети получают в школе всё, что угодно, только не лучшее образование.

Почему? Не от недостатка демократии. Наоборот, это результат того, как работает демократическая система. Сам факт, что система образования управляется посредством демократической системы, означает, что вопросы организации образования и то, сколько расходовать на него денег, решают политики и бюрократы. Это значит, что роль родителей, преподавателей и учащихся в решении этих вопросов сведена к минимуму. Государственное вмешательство приводит к тому, что школы и университеты тонут в потоке планов, требований, правил и инструкций, поступающих из отделов образования местных органов власти. Такая бюрократизация образования делает его не лучше, а хуже.

Когда люди жалуются на низкое качество образования, политики в ответ плодят ещё больше инструкций. Что ещё они могут сделать? Мысль о прекращении государственного вмешательства политикам и бюрократам и в голову не приходит. Перестать вмешиваться это автоматически признать свою ненужность и даже вредность, чего они, разумеется, никогда не сделают. Это не в их интересах.

Новые правила ухудшают положение, потому что ещё больше ограничивают роль учащихся, родителей и преподавателей. Они также ведут к росту бюрократизма и часто дают вместо ожидаемого результата противоположный. Например, в Нидерландах бюрократы потребовали от школ обеспечивать минимум учебных часов, якобы для поддержания высокого качества образования, но ничего не сделали для решения проблемы нехватки учителей. В итоге учащимся приходится часами просиживать в классах впустую, просто болтая между собой. Правительство пытается управлять с помощью цифр, и это неудивительно. На расстоянии измерению поддаётся только количество, а качество видят лишь те, что непосредственно выполняет работу.

Демократическую систему можно сравнить с заводами в бывшем Советском Союзе. Ими управляли из центра и на основе показателей, цифр. Несмотря на пристальное внимание со стороны государства (а точнее, из-за него), качество продукции было низким. Ни один из советских автомобилей не входил ни в какое сравнение с западными моделями. Так было потому, что качество контролировали бюрократы, а не потребители. Откуда бюрократам знать, чего хотят потребители и какие стимулы нужны для повышения качества?

Централизованное планирование в Советском Союзе мешало внедрению технологических и культурных инноваций. Сколько изобретений было сделано в коммунистических странах? Качество и инновации это результаты конкуренции и наличия выбора, а не централизованного контроля и государственного принуждения. Если частные компании хотят выжить, они должны либо снижать до минимума цены на свою продукцию, либо внедрять новые технологии и повышать качество товаров и услуг. У государственных предприятий нет этого стимула, деньги им платит государство, а не потребитель.

Поскольку наша система образования управляется (в определённой мере) демократическими методами, она (в той же мере) является сетью государственных предприятий, что и делает её похожей на советские заводы. Кстати, этот пример показывает, что демократия неизбежно ведёт к той или иной форме социализма. Свободный рынок не оперирует демократическими процессами. При этом свободный рынок в известном смысле более «демократичен», чем демократия, потому что граждане имеют возможность сами делать выбор, а не вынуждены следовать выбору государства.

Сказанное о системе образования верно и для других демократически контролируемых сфер, таких как здравоохранение и борьба с преступностью. Большинство людей хотели бы более эффективной защиты от преступности, однако демократия не обеспечивает им такую защиту. Люди голосуют за политиков, которые обещают усилить борьбу с преступностью, но в итоге преступности обычно становится только больше, а не меньше.

В Нидерландах количество преступлений на душу населения за период с 1961 по 2001 год увеличилось в шесть раз, из них около 700 тысяч в год остаются нерасследованными. Во многих из этих случаев (по меньшей мере в ста тысячах) преступник полицейским известен, но они откладывают дело в долгий ящик либо из-за отсутствия времени, либо потому, что преступление мелкое и им не хочется с ним возиться. Львиную долю времени полицейские заняты бумажной работой, однако время всегда находится, когда надо выполоть квадратный метр марихуаны в чьём-нибудь огороде или арестовать виновного в крохотном превышении скорости.

Низкая эффективность полиции — прямой результат демократических методов управления ей. Полиции дано монопольное право следить за соблюдением законов. Все понимают, что если компании ExxonMobil предоставить монополию на нефтяном рынке, то цены на бензин взлетят, а качество обслуживания на заправках упадёт. То же относится и к полиции. Полиция получает тем *больше* денег, чем *меньше* преступников она ловит. Если бы полиция успешно снижала уровень преступности, её бюджет сокращался бы, и многие полицейские потеряли бы работу. То же самое можно сказать обо всех правительственных организациях. Трудно даже винить людей, работающих в этой системе. Только самый прилежный и морально устойчивый вёл бы себя по-другому в системе, где стимулы к эффективной работе вывернуты наизнанку.

Хотя полицейские не очень сильны в поимке преступников, они очень искусны в составлении отчётов. Всякий, кто обращался в полицию в качестве потерпевшего, может подтвердить это. И их трудно винить — они живут под постоянным артобстрелом новыми и новыми инструкциями, подлежащими исполнению. За период с 2005 по 2009 год полиция Нидерландов выросла на 7 тысяч штатных единиц. Из этих дополнительных служащих только для 127 местом работы стала улица, остальные сели за письменные столы. По словам самих полицейских, нескончаемый бюрократический бумажный поток отчётности и правительственных инструкций почти не даёт им возможности заниматься их основной работой.

При всём этом полиции предоставляется всё больше и больше прав. Это особенно заметно в США, где после терактов 11 сентября 2001 года силовые структуры получили массу новых, порой сомнительных прав и обязанностей, таких как превентивные личные обыски в аэропортах, прослушивание телефонных разговоров, применение пыток к подозреваемым в терроризме и игнорирование гражданских прав, ранее лежавших в основе правовой системы, таких как *habeas corpus*.

Есть ли альтернатива навязанной нам «безопасности наоборот»? Безусловно. Граждане, предприятия, кварталы и города должны иметь больше контроля над своей собственной безопасностью. Монополия полиции должна уступить место конкуренции между службами и фирмами безопасности. Люди не должны быть обязаны платить налоги на содержание государственной полиции, а должны иметь право нанимать частные охранные фирмы. Это снизит цены и повысит качество. Частный охранный сектор, кстати, уже активно растёт по мере осознания людьми того, что нельзя полностью доверять свою безопасность полиции.

Что верно для полиции и системы образования, то верно и для других «публичных» секторов, таких как здравоохранение. Здесь тоже демократический контроль ведёт к низкому качеству и высокой стоимости. Трудно даже представить те благоприятные перемены, которые произошли бы в здравоохранении, стань оно частью свободного рынка.

При демократии люди обычно не получают того, чего хотят. Демократический принцип стрижки всех под одну гребёнку ведёт к централизации, бюрократизму и монополизации (характеристики социализма). Он неизбежно ведёт к низкому качеству работы и высоким ценам.

Если вам нужны доказательства того, что демократия не сдерживает свои обещания, обратите внимание, как перед каждыми выборами политики признают, что правительство наделало массу ошибок, и обещают всё изменить к лучшему — систему образования, сферу безопасности, здравоохранение и т. д. Но они всегда предлагают один и тот же метод решения проблем: дайте нам больше денег и больше власти, и мы всё исправим. И, естественно, ничего не меняется, потому что проблемы и вызваны тем, что все деньги и вся власть находятся в руках политиков.

Миф 12: Мы все демократы

Если демократия не даёт людям то, чего они в действительности хотят, то почему большинство людей упорно поддерживают её? Потому что разве каждый здравомыслящий гражданин не является демократом, даже если он время от времени недоволен правительством?

Последнее спорно. Во что люди действительно верят, определяется не по тому, что они *говорят*, а по тому, что *делают*, когда у них есть свобода выбора. Если кто-то вынужден каждый день есть курицу и говорит, что он любит курицу, это звучит не очень убедительно. Это будет правдоподобно, если он свободен не есть курицу. То же и с демократией. Демократия принудительна. Все обязаны участвовать в ней. Индивидуумы, посёлки, города, области, штаты — все должны подчиняться ей, и никто не может «отделиться». Если бы в соседнем городе налоги были ниже, бюрократизма меньше, но нельзя было бы голосовать, переехали бы туда люди? Вероятно, многие переехали бы. Многие уже «голосуют ногами», переезжая в страны, где уровень жизни выше, но демократии меньше или совсем нет.

Гражданин демократической страны, который говорит, что ему нравится демократия, похож на гражданина бывшего Советского Союза, который говорил, что выбрал бы Ладу, даже если бы у него была возможность купить Шевроле или Фольксваген. Возможно, но вряд ли. Как у советского гражданина не было другого выбора, кроме Лады, так и у нас нет другого выбора, кроме демократии.

Многие здравомыслящие демократы с удовольствием вычеркнули бы многие меры из списка, за который вроде как проголосовали. Будь у них выбор, стали бы они по собственной воле делать отчисления государству на социальное страхование, не зная, останутся ли эти деньги в целости и сохранности к моменту их выхода на пенсию? Какие из низкокачественных и дорогостоящих государственных услуг они согласились бы оплачивать, будь у них возможность свободно распоряжаться своими деньгами?

По мнению американского экономиста Уолтера Уильямса, мало кто хотел бы, чтобы его индивидуальные решения принимались демократически. Он писал:

> Чтобы ясно представить себе ущерб, наносимый свободе демократией и властью большинства, спросите себя, сколько решений в своей повседневной жизни вы предпочли бы принимать демократически. На каком автомобиле ездить, в каком доме жить, на ком жениться, испечь на праздничный ужин индейку или баранье рагу? Если бы эти решения принимались демократически, среднестатистический человек увидел бы в них проявление тирании, а не личной свободы. Но разве меньше тирании в демократическом решении вопросов о покупке медицинской страховки и откладывании денег на пенсию? Ради самих себя и ради всех людей на земле мы должны защищать свободу, а не демократию, в которой живём и при которой плутоватые конгрессмены делают всё, что им вздумается, если им удаётся склонить к этому большинство голосующих.

Тот факт, что многие сторонники демократии на самом деле не верят в пропагандируемые ими идеи, подтверждается лицемерным поведением политиков-демократов и правительственных чиновников, которые сами не практикуют то, что проповедуют. Вспомните политиков-социалистов, которые критикуют высокие зарплаты директоров корпораций, а затем, уйдя из политики на пенсию, сами устраиваются в руководство тех корпораций. Или политиков, которые проповедуют расовое равноправие, но сами живут в кварталах только для белых и дети их учатся в школах только для белых. Или политиков, которые голосуют за войну, но своих детей ни за что туда не пошлют.

Есть несколько причин того, почему люди на словах поддерживают демократию, хотя их поведение говорит об обратном. Во-первых, вполне понятно, что люди приписывают наше относительное благополучие существующей политической системе. Нам неплохо живётся в условиях демократии, поэтому демократия, должно быть, хорошая система, рассуждают они. Но это иллюзия. Сравните эти рассуждения с тем, что некоторые апологеты Советского Союза говорят о Ленине и Сталине. Конечно, эти диктаторы не были ангелами, но люди всё же должны быть им благодарны, потому что под их руководством Советский Союз осуществил индустриализацию и в каждый дом провели электричество. Но электричество и индустриализация в XX веке пришли бы в Россию в любом случае и без Ленина со Сталиным. Аналогичным образом достигнутый нами социальный прогресс нельзя приписывать нашей политической системе. Взгляните на Китай. Его экономика развивается с невероятной скоростью, при этом демократии там нет. Благополучие основано на степени экономической свободы людей и на защите их права собственности, а не на том, живут ли они в условиях демократии.

Вторая причина, по которой люди склонны поддерживать нашу систему, состоит в том, что им трудно представить, какой была бы их жизнь, если бы все заработанные деньги оставались у них и не надо было платить налоги. «Бесплатные» государственные дороги, по которым вы ездите, находятся у всех на виду, а новые медицинские центры, которые можно было бы построить на те же деньги, невидимы. Не можете вы представить и отпуск в райском уголке, куда вы отправились бы, если бы не оплачивали войну в Ираке. Ещё труднее представить все те инновации, которые стали бы возможными, если бы правительство не вмешивалось в экономику. В условиях свободного рынка несомненно появилось бы множество новых и эффективных методов лечения, которые сегодня подавляются бюрократией.

Порой кажется, будто правительство чудесным образом предоставляет нам многие вещи бесплатно, но в действительности мы платим за них очень дорого — всеми теми возможностями (услугами, товарами, инновациями), которые остаются нереализованными, поскольку средства для их реализации узурпированы государством. Люди видят только то, что государство достаёт из своих карманов, но не то, что исчезает в них.

Есть и третья причина, по которой нам кажется, что мы все демократы: потому что нам непрестанно об этом твердят. Школа, СМИ и политики постоянно внушают нам, что единственная альтернатива демократии это диктатура. При столь божественном статусе демократии как преграды на пути зла кто же осмелится выступать против неё?

Миф 13: Демократии нет (лучшей) альтернативы

Критиков демократии принято обвинять в симпатии к диктатуре. Это нонсенс. Диктатура не единственная альтернатива демократии. Если вы не хотите выбирать себе автомобиль демократически, путём всеобщего голосования, это не значит, что выбор за вас будет делать диктатор; это значит, что выбирать вы хотите сами.

Уинстон Черчилль сказал: «Демократия это наихудшая форма правления, разве что если все другие уже испробованы». Иными словами, у демократии есть свои минусы, но лучше системы нет. В своей знаменитой книге «Конец истории и последний человек» Фрэнсис Фукуяма даже писал об «универсализации либеральной демократии Запада как конечной формы управления человеческим обществом», подразумевая, что ничего лучшего быть не может.

Таким образом, всякая критика в адрес демократии подавляется в зародыше. Демократия будто бы выше политических партий и идеологий, и по причине этого её божественного статуса лучшую альтернативу ей представить невозможно. Это чистая пропаганда. Демократия это форма политической организации. Нет никаких причин считать её непременно лучшим принципом управления. Мы не используем демократию в мире науки, не выясняем научные истины методом голосования, а предпочитаем этому логику и факты, и не напрасно. Поэтому нет причин утверждать, что демократия непременно лучшая политическая система.

Почему люди не могут организовать общество по-другому, не

по принципу государства-нации, где страной управляет «народ»? Например, в небольших сообществах. Потому что наши демократические правители против децентрализации власти и даже сделали её невозможной. Если демократическая система действительно так хороша, почему у людей нет возможности выбирать её добровольно или отвергать её? Раз у демократии столько преимуществ, от желающих наверняка не будет отбоя. Но такого выбора нет. Ни в одной демократической стране, включая США, штатам и регионам не разрешается идти своей собственной дорогой.

На самом деле тенденция в демократических странах скорее противоположная — ко всё большей и большей централизации власти. Европа, например, постепенно превращается в демократическое супергосударство. В результате немцы теперь могут решать за греков, как тем следует жить, и наоборот. В условиях такой мегадемократии у стран есть возможность перекладывать ответственность за свою недальновидную экономическую политику на жителей других стран — в точности как в независимых демократических странах одна часть граждан живёт за счёт другой части. Одни страны бросают деньги на ветер — не экономят, балуют «слуг народа» щедрыми пенсиями, влезают в долги, которые никогда не смогут выплатить, — и с согласия достаточного числа других членов ЕС могут вынудить налогоплательщиков более благополучных стран расплачиваться за их расточительность. Такова логика демократии на европейском уровне.

Чем крупнее демократическое государство и чем разнороднее его население, тем сильнее возникающие в нём трения. Разные группы в таком государстве без колебаний используют демократические методы для максимального вмешательства в жизнь других групп с целью их ограбления. Чем административный аппарат меньше, а население однороднее, тем больше шансов, что издержки демократии будут ограниченными. Люди, лично знающие друг друга или чувствующие свою связь с другими, едва ли буду грабить и угнетать друг друга.

Вот почему хорошо было бы предоставить людям право на «административное отделение». Если бы штату Нью-Гэмпшир было разрешено отделиться от США, у него было бы больше свободы организовать свою жизнь по-другому, не обязательно так же, как, скажем, в штате Калифорния. Он мог бы ввести свою собственную налоговую систему, более благоприятную для малообеспеченных граждан, таких как рабочие и ремесленники. Регионы конкурировали бы друг с другом, и законы лучше соответствовали бы запросам людей. Люди голосовали бы «ногами», переезжая жить в штат, который им больше нравится. Власть стала бы более динамичной и менее бюрократической. Регионы могли бы учиться друг у друга, поскольку каждый экспериментировал бы с разными политическими системами.

Например, помощь малоимущим эффективнее организовывать на местном уровне. Местный контроль препятствует злоупотреблениям и является лучшей гарантией того, что помощь будет оказана действительно нуждающимся в ней, а не иждивенцам, примазавшимся к кормушке. Демонтаж национально-демократического общества благополучия важен и для успешной интеграции меньшинств. Многие иммигранты живут на государственные пособия, ничего не давая взамен. Таких иммигрантов никто не любит. Но к иммигрантам, которые в состоянии сами себя обеспечивать, отношение совершенно иное, общество охотно таких принимает.

Кстати, Черчиллю также принадлежит фраза: «Лучший аргумент против демократии это пятиминутная беседа со среднестатистическим избирателем».

II. Кризис демократии

Демократия, возможно, и родилась из великой идеи народовластия, но на практике за 150 лет не дала положительных результатов. Сегодня очевидно, что демократия сковывает, а не освобождает. Последовав примеру социалистических стран, западные демократии точно так же пришли к застою, коррупции, деспотизму и бюрократизму. Выше мы постарались продемонстрировать, что так случилось не потому, что от демократического идеала отказались, а наоборот, в силу коллективистской по самой своей сути природы этого идеала.

Чтобы понять, как на самом деле функционирует демократия, рассмотрим следующий пример. Греческий политик-социалист Георгиос Папандреу в 2009 году победил на выборах под простым лозунгом: «Деньги есть!» Его противники-консерваторы сократили зарплаты государственным служащим и другие правительственные расходы. Папандреу сказал, что в этом не было необходимости, и заявил, что деньги на самом деле есть. Толпа подхватила лозунг и привела Папандреу к власти. В действительности денег и правда не было, поскольку их надо было ещё получить от налогоплательщиков других стран Европейского Союза. Но большинство при демократии всегда право, и когда у него есть возможность путём голосования завладеть благами для себя, оно делает это без колебаний. Наивно ожидать от него другого.

Пример Греции также показывает, что в условиях демократии люди естественным образом рассчитывают, что государство решит за них все их проблемы. Демократическая власть это власть государства. В результате люди по всем вопросам обращаются к государству. Они всё больше и больше зависимы от правительства как в решении крупных проблем, так и в мелочах повседневной жизни. Какая бы ни возникла проблема, её, по их мнению, должно решать государство. Ожирение, наркомания, безработица, нехватка учителей и медперсонала, снижение посещаемости музеев (перечислять можно до бесконечности) — обязанность государства навести во всём этом порядок. Что бы ни случилось — пожар в театре, авиакатастрофа, драка в кафе, — государство установит и накажет виновных и примет меры, чтобы больше подобное не происходило. Безработный уверен, что правительство должно «создавать рабочие места», а автолюбитель — что оно не должно допускать роста цен на бензин. На YouTube есть видео, где женщина, послушав речь Барака Обамы и чуть не плача от счастья, восклицает: «Мне больше не придётся ломать голову, где взять деньги на бензин для машины и на уплату долгов по кредитам!» Вот такую ментальность порождает демократия.

И политики охотно берутся за всё, чего ждут от них люди. Как тот человек из английской поговорки, у которого есть только молоток и которому всё вокруг представляется гвоздями, которые надо забить. Точно таким же образом политики решают проблемы в обществе. В конце концов их ведь и выбрали для решения проблем. Они обещают «создать рабочие места», понизить кредитные ставки, повысить покупательную способность людей, улучшить образование, построить игровые и спортивные площадки для детей, обеспечить изобилие потребительских товаров и безопасные условия труда, предоставить каждому качественное и недорогое медицинское обслуживание, ликвидировать пробки на дорогах, преступность на улицах, вандализм в парках, защищать наши «национальные интересы» во всём мире, следить за соблюдением на планете «международных законов», повсюду поддерживать равноправие и бороться с дискриминацией, обеспечивать высокое качество продуктов питания и чистоту воды, «остановить глобальное потепление», сделать страну самой чистой, самой зелёной и самой передовой в мире и навсегда избавиться от голода на земле. Они осуществят все наши мечты и чаяния, будут лелеять нас всю жизнь от колыбели до гроба, следить, чтобы мы были довольны и счастливы с раннего утра до глубокой ночи, и, разумеется, сократят бюджетные расходы и понизят налоги.

Из таких обещаний и соткана демократия.

Грехи демократии

Ясное дело, в реальности ничего этого не происходит. Правительство просто не может всё это сделать. Поэтому политики в конечном счёте ограничиваются тем, что в их силах:

1. Направляют на решение проблемы огромные деньги;
2. Вводят новые правила и регламентации;
3. Создают новые комитеты по надзору за соблюдением новых правил.

Как политики они больше ничего и не могут сделать. Они даже не могут сами финансировать свою деятельность, оставляя это налогоплательщикам.

Плоды этой системы вы видите вокруг каждый день.

Бюрократизм. Демократия повсюду плодит бюрократов, которые управляют нашей жизнью всё менее предсказуемым образом. Будучи властью, бюрократы располагают возможностью защитить себя от неприятных экономических трудностей, с которыми сталкиваемся мы. Их отделы и главки никогда не разоряются, их почти невозможно уволить, и у них крайне редко возникают проблемы с законом, поскольку они и есть закон. В то же время они взгромождают на наши плечи бремя правил и регламентаций. Повсюду только что возникшие компании задыхаются от бесчисленных законов и бюрократических поборов. Страдают от бюрократии и компании со стажем. Согласно статье в Википедии, деятельность американской Администрации малого бизнеса (заметьте, это правительственное учреждение!) обходится налогоплательщикам в 1,75 трлн. долларов в год. Больше всего от этой системы страдают бедные и малообразованные люди: они не могут найти работу, потому что закон о минимальной заработной плате и другие законы, постоянно повышающие стоимость рабочей силы, не позволяют хозяевам нанимать их. Открыть своё собственное дело им тоже очень трудно — редкий человек не заблудится в бюрократических джунглях.

Паразитизм. В дополнение к бюрократам и политикам есть ещё одна группа людей, прекрасно чувствующих себя в условиях демократии. Это руководители компаний и учреждений, обязанных своим существованием щедрости правительства и особым привилегиям. Прежде всего это менеджеры компаний военно-промышленного комплекса, а также банков и финансовых учреждений, на которых базируется американская система Федерального резерва. Но это и люди из так называемых бюджетных секторов, куда входят учреждения культуры, общественное телевидение, агентства социальной помощи, природоохранные общества, и т. д. Не говоря уже о целом калейдоскопе «международных» организаций. Большинство этих людей получили свои высокооплачиваемые должности благодаря личным связям в правительстве или правительственных агентствах. Это форма институализированного паразитизма, порождённого и поддерживаемого демократией.

Мегаломания. Огорчённое своей неспособностью реально изменить общество, правительство регулярно берётся за мегапроекты по возрождению какого-нибудь запущенного сектора экономики или с другими благородными целями. Такие проекты всякий раз лишь создают новые проблемы, и расходы на них всегда значительно превышают сметы. Вспомните реформы систем образования и здравоохранения, проекты модернизации инфраструктуры, утопические энергетические проекты, такие как переход на этаноловое биотопливо в США или массовое строительство офшорных ветряных электростанций в Европе. Войны тоже можно рассматривать как «общественно полезные» проекты, поскольку они позволяют государству отвлечь внимание населения от внутренних проблем, сплотить общество вокруг политических лидеров, создать рабочие места для низших слоёв населения и обеспечить огромные прибыли компаниям-фаворитам, которые, в свою очередь, финансируют предвыборные кампании политиков, а после их ухода в отставку предоставляют им высокооплачиваемые должности в советах директоров. (Само собой разумеется, что сами политики на войну не ходят.)

Велфаризм (от англ. *welfare* — социальное обеспечение. — *Прим. пер.*). Политики, которым поручена борьба с бедностью и неравенством, считают своей обязанностью предлагать новые и новые программы «бесплатного» социального обеспечения (и новые налоги, чтобы финансировать их). Это служит не только их собственным интересам, но и интересам бюрократов, которые проводят эти программы в жизнь. В большинстве демократических стран на социальное обеспечение расходуется значительная часть государственного бюджета. Великобритания тратит на эти цели треть своего бюджета, Франция и Италия — около 40 процентов. Многие общественные организации, такие как профсоюзы, пенсионные фонды, агентства по трудоустройству, заинтересованы в сохранении и расширении сферы государственного социального обеспечения. Типичным для демократии образом правительство не предоставляет гражданам выбора и не спрашивает их согласия. Каждый гражданин обязан делать отчисления в фонд страхования на случай безработицы и фонд социального страхования, не имея ни ма-

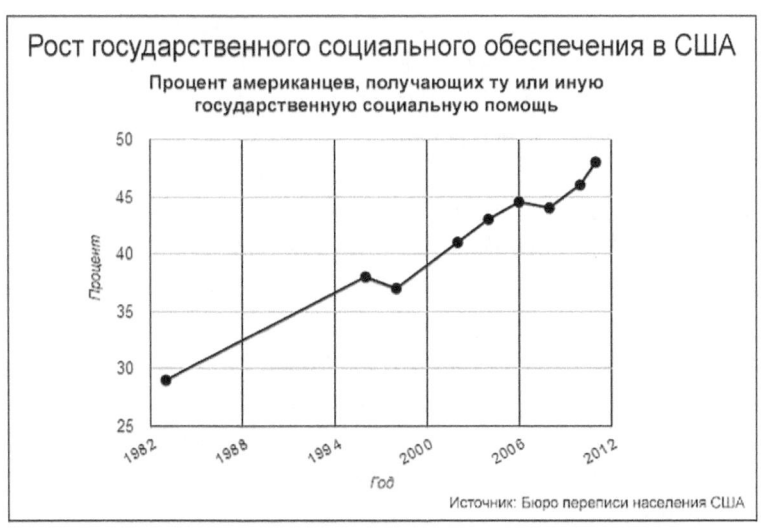

Рост государственного социального обеспечения в США

Процент американцев, получающих ту или иную государственную социальную помощь

Источник: Бюро переписи населения США

лейшего представления, что он от этого выиграет в будущем. Но в будущем этих денег уже не будет, правительство их истратит. Вопиющим свидетельством этого является катастрофически растущий бюджетный дефицит системы социального обеспечения. Не будем забывать и о том, что средства, выделяемые на «бесплатное» социальное обеспечение, идут не только малоимущим. Значительная их часть идёт на помощь богатым, например, банкам, на чьё спасение от банкротства правительство США выделило из этих денег 700 миллиардов долларов (включая щедрые премии директорам).

Антиобщественное поведение и преступность. Демократическое государство всеобщего социального обеспечения поощряет безответственность и антиобщественное поведение. В свободном обществе люди, которые плохо ведут себя, не сдерживают обещания или пренебрежительно относятся к другим, теряют поддержку друзей, соседей и близких. Государство же говорит им: «Никто не хочет вам помогать? Мы поможем!» Тем самым оно фактически вознаграждает людей за антиобщественное поведение. Привычка к тому, что правительство всегда обеспечит их всем необходимым, развивает в людях менталитет дармоедов, у них пропадает желание работать и зарабатывать.

Положение ещё больше усугубляется жёстким трудовым (и антидискриминационным) законодательством, которое не позволяет работодателям увольнять работников, плохо справляющихся со своими обязанностями. Аналогичным образом законы делают почти невозможным исключение студентов и увольнение преподавателей за дурное поведение или плохую работу. Государственные программы обеспечения жильём не предусматривают возможности выселения граждан даже в тех случаях, если они превращают жизнь соседей в ад. Компанию откровенных хулиганов нельзя не пустить в ночной клуб, потому что это считается дискриминацией, а она запрещена законом. Вдобавок ко всему этому правительство часто организует дорогостоящие кампании социальной помощи антиобщественным группам, таким как футбольные фанаты. Таким образом, правонарушения поощряются и даже вознаграждаются.

Посредственность и низкие стандарты. Поскольку большинство людей в любом обществе обычно беднее его более состоятельного и образованного меньшинства, от политиков в условиях демократии часто требуют принять меры к перераспределению благ — взять у богатых и раздать бедным. В результате, например, успехи в бизнесе и профессиональное мастерство наказываются путём прогрессивного налогообложения. Таким образом, можно сказать, что демократия ведёт к оглуплению населения и общему снижению культурных стандартов. Где правит большинство, там посредственность становится нормой.

Временщики. Главная цель политиков в условиях демократии — победить на выборах. Это их линия горизонта, дальше которой они не видят. Кроме того, демократически избранные политики оперируют ресурсами, которые им не принадлежат и которые лишь временно оказались в их распоряжении. Они тратят деньги других людей. Это значит, что у них нет причин беспокоиться о последствиях своих действий в настоящем и будущем. Вот почему в условиях демократии преобладает краткосрочная политика. Один бывший голландский министр по социальным вопросам как-то сказал: «Политики должны управлять так, будто никаких выборов больше не будет. Тогда они смогут видеть вещи в долгосрочной перспективе». Но как раз на это-то они и не способны. Американский политолог Фарид Закария сказал в интервью: «Я думаю, мы на Западе столкнулись с настоящим кризисом. Мы наблюдаем фундаментальную неспособность ни одного западного общества сделать одну вещь: отважиться на кратковременную боль ради достижения долговременного благополучия. Как только правительство пытается предложить что-либо болезненное, это вызывает бунт. И этот бунт почти всегда побеждает». Поскольку демократия поощряет в людях нахлебничество, а политики ведут себя не столько как хозяева, сколько как арендаторы, лишь временно занимающие свои посты, результатам не следует удивляться. У взявшего что-нибудь напрокат или в лизинг всегда меньше стимулов обращаться с этим бережно и думать об этом в долгосрочной перспективе, чем у хозяина.

Почему положение ухудшается

Теоретически люди могли бы проголосовать за другую, менее бюрократическую и менее расточительную систему. Однако на практике маловероятно, чтобы им это удалось, потому что слишком многие кровно заинтересованы в сохранении системы без изменений. И поскольку государственный аппарат медленно, но уверенно разрастается, вместе с ним растёт и число этих людей. Как отмечал выдающийся австрийский экономист Людвиг фон Мизес, бюрократия будет сражаться против любых перемен не на жизнь, а насмерть. «Бюрократ, — писал он, — это не только государственный служащий. По демократической конституции, он также и избиратель и как таковой является частью своего суверена, хозяина. Его положение специфично: он и хозяин, и подчинённый в одном лице. И его материальный интерес как хозяина преобладает над его интересом как подчинённого, поскольку из общественных фондов он получает намного больше, чем отчисляет в них. Это двойственное положение становится тем важнее, чем больше людей находится на содержании государства. Бюрократ как избиратель больше стремится получить повышение, чем поддерживать бюджет в сбалансированном состоянии. Его главная забота — чтобы росла его зарплата».

Экономист Милтон Фридман выделял четыре типа расходования денег. Первый — это когда вы тратите свои деньги на самого себя. У вас есть стимул обращать внимание на качество и тратить экономно. Так деньги обычно тратятся в частном секторе. Второй тип — вы тратите свои деньги на кого-то другого, например, платите за двоих в ресторане. Вас определённо заботит сумма оплачиваемого счёта, но качество уже в меньшей степени. Третий тип — это когда вы тратите на себя чужие деньги, как в случае обеда за счёт фирмы. Вы не станете слишком скромничать и постараетесь пообедать на высшем уровне. Четвёртый тип — это тратить чужие деньги на кого-то другого. В этом случае у вас нет причин заботиться ни о качестве, ни о стоимости. В общем и целом правительство тратит ваши налоговые отчисления именно так.

Политикам редко приходится отвечать за свои действия, и в

долгосрочной перспективе это наносит большой вред. Их хвалят за добрые намерения и первые положительные результаты. Ответственность за долгосрочные отрицательные последствия (например, долги, которые надо выплачивать) ляжет на их преемников. И наоборот, политики проявляют мало интереса к программам, которые могут дать положительные результаты лишь после их ухода с руководящих постов, так как лавры тогда достанутся будущим лидерам.

Таким образом, расходы демократических правительств неизменно превышают доходы. Они решают эту проблему, повышая налоги или, ещё лучше — поскольку повышение налогов может вызвать болезненную реакцию в обществе, — беря деньги в долг или просто печатая их. (Обратите внимание, что кредиты они обычно берут в тех же банках, которым затем приходят на помощь, если те окажутся на грани банкротства.) Свой собственный бюджет они сокращают редко. Говоря о «сокращении бюджетных расходов», они обычно имеют в виду лишь *замедление* их роста.

Печатание денег, естественно, вызывает инфляцию, которая постепенно обесценивает сбережения людей. Кредиты увеличивают государственный долг, а выплата процентов по ним *ляжет* на плечи будущих поколений. В настоящее время государственные долги почти во всех демократических странах уже настолько велики, что едва ли когда-нибудь будут выплачены. Положение усугубляется тем, что такие учреждения, как пенсионные фонды, в огромных объёмах скупают государственные долги, считая это надёжным долгосрочным вложением капитала. Это неудачная шутка. Многие люди никогда не получат пенсии, на которые рассчитывают, потому что деньги, отданные ими «на хранение» в пенсионные фонды, уже истрачены.

Несмотря на все эти проблемы, сопутствующие демократии, мы продолжаем надеяться и верить, что после следующих выборов всё изменится. Это удерживает нас в замкнутом круге: система не выполняет свои обещания, люди разочарованы и требуют перемен к лучшему, политики придумывают ещё более замысловатые обещания, люди ждут от них ещё большего, за этим неизбежно следует ещё более горькое разочарование, и т. д. Граждане в демократических странах похожи на алкоголиков, которым, чтобы опьянеть, нужно пить всё больше и больше, при этом похмелье с каждым разом становится тяжелее. Вместо того, чтобы отказаться от алкоголя и тем избежать страданий, они пьют ещё и ещё. Они совершенно забыли, как самим заботиться о себе, и больше не хозяева своей жизни.

Почему нам нужно меньше демократии

Вопрос заключается в том, как долго так может продолжаться в условиях недовольства в обществе и нестабильности политической и экономической системы. Многие отдают себе отчёт в том, что с системой что-то не так. Политики и лидеры общественного мнения во всём винят фрагментацию политического пейзажа, непостоянство электората и поверхностность СМИ, которые лишь гоняются за сенсациями. Граждане жалуются, что политики не слушают их, не выполняют свои обещания и что парламент превратился в незнамо что, в пародию на правительство. Однако причину проблем они видят исключительно в «плохих» политиках или в таких второстепенных явлениях, как иммиграция или глобализация, но не в недостатках, присущих самой демократической системе.

На данный момент никто не видит реального выхода из сложившейся ситуации. Все ищут его в одном направлении — демократическом. Единственное «решение», которое приходит людям в голову, это ещё «больше демократии», то есть ещё больше государственного вмешательства. Молодёжь слишком много пьёт? Повысить возраст, до которого нельзя продавать людям алкоголь! В домах для престарелых плохо обращаются с хроническими больными? Чаще посылать туда государственные инспекции! Недостаточно инноваций? Создать правительственную Комиссию по инновациям! Низкая успеваемость в школах? Ввести больше экзаменов! Растёт преступность? Создать при правительстве новое главное управление! Регламентировать, запретить, заставить, отучить, инспектировать, усилить, надавить, реформировать и, самое главное, выделить на решение проблемы побольше денег.

А если всё это не поможет? Тогда возродится тоска по «твёрдой руке», лидеру в ежовых рукавицах, который положит конец болтовне и наведёт порядок в стране. В этом есть своя логика. Если всё должно регулироваться государством, то почему не вверить бразды правления добродетельному диктатору? Прощайте раздоры, нерешительность, неэффективность. Но это было бы сделкой с дьяволом. Порядок был бы наведён, это верно. Но и свободе, прогрессу и социальному развитию тоже был бы положен конец.

К счастью, есть другой путь, хотя многим и трудно его представить. Этот путь — меньше демократии, меньше государственного вмешательства и больше индивидуальной свободы.

Тому, как этот либертарианский идеал может выглядеть на практике, и посвящена последняя глава этой книги.

III. К новой свободе

Ошибочно думать, что для решения проблем нашего общества нужно «больше демократии». Тем более ошибочно считать демократию лучшей из возможных систем.

Демократия возникла во времена, когда правительства были относительно небольшими. Однако за истекшие с тех пор полтора века государственный аппарат во всех демократических странах разросся до огромных размеров. За то же время создалась ситуация, когда нам приходится опасаться не только государства, но и своих сограждан, способных закабалить нас с помощью избирательной урны.

Слепая вера в демократию не возникла в нашем обществе как нечто само собой разумеющееся. В действительности это довольно недавний феномен. Для многих читателей это, возможно, прозвучит неожиданно, но отцы-основатели Соединённых Штатов, такие как Бенджамин Франклин, Томас Джефферсон и Джон Адамс, все без исключения были противниками демократии.

«Демократия, — говорил Бенджамин Франклин, — это когда два волка и овца голосуют, кого им съесть на обед. Свобода, — добавлял он, — это хорошо вооружённая овца, которая оспаривает результаты голосования». Томас Джефферсон говорил, что демократия «это власть толпы, где 51% людей может лишить прав остальные 49%».

И в своём негативном отношении к демократии они не были одиноки. Против демократии выступало большинство интеллектуалов классического либерализма и консерватизма XVIII и XIX веков, в их числе Джон Актон, Алексис де Токвиль, Уолтер Бэджет,

Эдмунд Бёрк, Джеймс Фенимор Купер, Джон Стюарт Милл и Томас Маколей. Известный консервативный публицист Эдмунд Бёрк писал: «Я уверен, что при демократии большинство граждан способно самым жестоким образом угнетать меньшинство ... и что угнетение меньшинства в этом случае охватит гораздо большее число людей и будет гораздо более жестоким, чем можно было бы ожидать от одного самодержца».

Известный британский мыслитель-либерал Томас Маколей высказал аналогичное мнение: «Я с давних пор убеждён, что чисто демократические институты рано или поздно уничтожат свободу или цивилизацию, или и то и другое». В своё время такие взгляды были широко распространены, как продемонстрировал в своей книге «Свобода или равенство» (1951) Эрик Риттер фон Кюнелт-Леддин.

В конце XIX — начале XX века, однако, идеи классического либерализма отступили на задний план под натиском веры в коллективизм, согласно которому интересы личности вторичны по отношению к интересам группы. На смену либерализму пришли разные формы коллективизма — коммунизм, социализм, фашизм и демократия. Последняя теперь подменяет собой в нашем сознании понятие «свободы». Однако, как мы продемонстрировали в этой книге, приравнивать демократию к свободе совершенно ошибочно. Мыслители классического либерализма прошлого рассматривали демократию всего лишь как более изощрённую форму социализма. Остатками своей свободы мы обязаны пока ещё сохранившейся на Западе классической либеральной традиции, а вовсе не демократии.

Эта классическая либеральная традиция, однако, находится под сильным давлением. С каждым новым поколением, которое взрослеет в атмосфере ежедневной и всепроникающей демократической пропаганды, часть нашего либерального наследия умирает.

Никого уже не удивляет, что женщины требуют введения квот на их назначение в советы директоров компаний, что государство запрещает курить в кафе и что правительство решает, чему надо учить наших детей в школах.

Не все одобряют эти решения, но все считают совершенно нормальным, что правительство вообще решает эти вопросы. Тот факт, что мы живём под властью системы, которая вмешивается в нашу жизнь на каждом шагу, практически ни у кого не вызывает возражений. Никто принципиально не против, чтобы то, как каждому из нас жить, решалось «демократически».

Децентрализация власти и индивидуальная свобода

Возможна ли альтернатива демократии, общество без вездесущего государства, без правящего большинства, свободное и дружное?

Безусловно. Причём такая альтернатива нужна срочно, если мы не хотим скатиться к тирании и застою. Западный мир нуждается в новом идеале — идеале, в котором динамизм и индивидуальная свобода сочетались бы с социальной гармонией.

Такой идеал не утопия. Он может быть достигнут. Для этого в первую очередь необходимо ограничить функции правительства. Люди должны вернуть себе контроль над своей жизнью и над плодами своего труда. Без заорганизованности и налогов на всё подряд люди создадут сообщества, одновременно жизнеспособные и приятные для жизни.

Почему люди не могут тратить деньги по своему усмотрению и платить за страховку, медицинское обслуживание и образование по своему выбору? Что за катастрофа обрушится на нас в этом случае? Почему государство должно забирать у нас деньги через налоги и принимать за нас эти решения?

Люди должны вернуть себе свободу выбора по своему усмотрению и сами решать свои проблемы так, как считают нужным, — индивидуально, а чаще вместе. Потому что порядок и благополучие невозможны без взаимодействия, а взаимодействие, в свою очередь, может быть действенным только на основе добровольности и взаимного согласия.

Люди должны вернуть себе контроль над плодами своего труда. Они должны быть свободны создавать свои собственные местные (религиозные, коммунистические, капиталистические, этнические — какие угодно) общины. Ими можно управлять «демократически», если жители того захотят, а можно и нет.

Рынок форм правления

Пэтри Фридман, внук нобелевского лауреата Милтона Фридмана, однажды сказал: «Правительство — это сектор с очень высоким порогом при входе. Чтобы попробовать управлять по-новому, вы должны либо победить на выборах, либо начать революцию».

И действительно, в области управления обществом возможностей выбора и конкуренции почти нет. В экономике конкуренция считается важным фактором. Свободный рынок автомобилей, одежды, страхования со множеством производителей, поставщиков и агентств считается нормой. Почему тогда не может быть рынка управления обществом, где правительства конкурировали бы между собой и где граждане могли бы легко выбирать, в каком регионе и с каким правительством им хотелось бы жить и работать? Переехать из одного города в другой ничто не мешает и сейчас, но поскольку большинство налогов и законов утверждены федеральным правительством, смена места жительства сама по себе ничего не меняет. Тем, кому не нравится государственный строй в их стране, приходится эмигрировать, что является большим неудобством.

Известно, что компании склонны к образованию монополий и картелей для ослабления конкуренции. Но к этому склонны и правительства. Достаточно взглянуть на концентрацию государственной власти в Вашингтоне и Брюсселе. В условиях свободного рынка, однако, всегда есть возможность создать новую компанию и бросить вызов существующим монополиям и картелям. Поэтому монополии в частном секторе обычно недолговечны. Когда монополисты завышают цены или иначе злоупотребляют своим исключительным положением, на рынок тотчас выходят другие производители тех же или аналогичных товаров и услуг.

В области государственного управления такой конкуренции не хватает. Как истинные монополисты, политики не хотят конкуренции. Они предпочитают, чтобы все вопросы решались коллективно в едином центре. «Проблема нелегальной иммиграции может быть решена только на общеевропейском уровне», — говорят они. Или: «С долговым кризисом можно справиться только международными усилиями». Или: «Терроризму может противостоять только мощная централизованная сила». Однако в мире есть много маленьких стран, которые не входят ни в какие «блоки» и которые, несмотря на это, не страдают ни от экономических кризисов, ни от терроризма. Аналогичным образом нас уверяют, что образование, здравоохранение, финансы, социальное страхование и т. д. должны координироваться и регламентироваться как минимум на национальном уровне. Но никакой необходимости в этом на самом деле нет.

От децентрализации выиграли бы многие социальные группы. В условиях местной автономии прогрессивные мыслители могут воплощать свои прогрессивные идеи на практике, а консерваторы делать то же самое со своими, не принуждая остальных менять привычный им образ жизни. Люди, объединившиеся в экологическую коммуну хиппи, могут жить сообразно своей мечте. На полном самообеспечении, разумеется. Религиозные общины, которые считают, что магазины должны быть закрыты по воскресеньям, не будут их открывать у себя. Одни и те же порядки для всех и не нужны, и нежелательны. Децентрализация, в отличие от национальной демократии, это система, действующая по принципу «Живи и давай жить другим».

Разнообразие форм правления подразумевает и упрощает для людей их собственный выбор, в какой системе им больше нравится жить. Достаточно отправиться в другой город или другую область, и там правительство уже функционирует по-другому. Такая конкуренция обеспечивает постоянную ответственность руководителей перед избирателями, о чём не приходится и мечтать в условиях, когда влияние граждан на власть ограничивается днём выборов один раз в четыре года. Даже если небольшая группа граждан переедет в другой регион, это будет для правительства сигналом, что оно делает что-то не так и должно изменить политику.

Когда не все вопросы решаются централизованно, каждый регион может выбирать путь, который лучше соответствует его условиям и предпочтениям населения. Например, где-то могут значительно уменьшить налоги и ограничения, чтобы стимулировать экономическую активность. Американский историк Томас Вудс отмечает, что политическая свобода возникла в Западной Европе именно в силу исторически свойственных ей раздробленности и разнообразия государственных форм. Множество маленьких юрисдикций давало людям возможность уезжать из мест, где их притесняли, в более либеральные. Таким образом, у тиранов не оставалось выбора, кроме как предоставлять людям больше свободы.

Децентрализация в Швейцарии

Швейцария давно доказала, что децентрализация даёт превосходные результаты. Многие думают, будто большие размеры страны и централизация власти несут с собой процветание и все прочие блага. Однако, Швейцария, которая не является членом ни ЕС, ни НАТО, доказывает, что это не так. По численности населения примерно равная американскому штату Вирджиния (около 8 млн. человек), эта страна отличается очень высокой степенью децентрализации. 26 кантонов (графств) конкурируют друг с другом и во многих отношениях автономны. Кантоны когда-то и были отдельными автономными государствами и некоторые насчитывают меньше 50 тысяч жителей. В Швейцарии примерно 2900 муниципалитетов, население самого маленького — тридцать человек. По количеству населённых пунктов Швейцария, таким образом, превосходит большинство европейских стран. Основная часть подоходного налога швейцарцев поступает в бюджет муниципалитета и кантона, а не федеральному правительству. Налоговая и правовая системы в разных муниципалитетах и кантонах значительно отличаются друг от друга, и можно сказать, что они соревнуются между собой за лучшие условия для граждан и компаний.

Всем известно, что Швейцария в высшей степени благополучная страна. Она входит в высшую мировую лигу по продолжительности и условиям жизни, занятости и благосостоянию населения. Это одна из немногих стран мира, где за последние сто с лишним лет не было войн. Несмотря на наличие четырёх государственных языков (немецкого, французского, итальянского и романшского), здесь царит социальная гармония, чего не скажешь, например, о Бельгии, где конфликты интересов и напряжённость в отношениях между голландскоязычными фламандцами и франкоязычными валлонами представляют постоянную угрозу целостности страны. В то время как фламандцы жалуются, что вынуждены кормить менее благополучных валлонов, между швейцарцами таких трений нет в силу их децентрализованной системы управления.

Конечно, Швейцария это демократическая страна, но демократических модулей там так много и они такие маленькие, что ей удаётся избегать негативных эффектов общенациональной парламентской демократии.

Швейцария также является примером того, как реальное право на отделение снижает социальную напряжённость. В 1970-е годы франкоговорящие жители кантона Берн сочли, что они недостаточно представлены в органах власти своего преимущественно немецкоязычного региона. В 1979 году они вышли из состава кантона Берн и образовали свой собственный кантон Юра. На протяжении веков столь же мирными средствами решались и многие другие споры между разными этническими и языковыми группами. Поскольку швейцарские кантоны и муниципалитеты невелики по размеру, у людей есть возможность выразить своё недовольство местной властью не только путём голосования, но и сменой места жительства. Это заставляет политиков внимательнее прислушиваться к запросам граждан.

Это не значит, что мы рекомендуем швейцарскую модель как идеальную или единственно приемлемую. Но она является примером того, насколько эффективной может быть децентрализованная власть и как она ведёт к снижению налогов и расширению индивидуальной свободы. Не имеем мы в виду и то, что демократия в мелком масштабе это обязательно хорошо. Демократия в отношениях даже трёх человек это плохо, если она принудительна. В этом случае она ничем не лучше демократии десяти миллионов граждан.

Главное, чтобы у людей была возможность самим решать, в административных единицах какого размера они хотят жить и какой должна быть форма правления. Она может быть не только демократической. Лихтенштейн (160 кв. км), Монако (2 кв. км), Дубай (1114 кв. км), Гонконг (1100 кв. км) и Сингапур (710 кв. км) не являются парламентскими демократиями, но это не мешает им процветать. Мал золотник, да дорог.

Кто-то подумает, что право на отделение и самоуправление само собой провоцирует конфликты. Но одно не является следствием другого. Как функционирует свободный рынок? Каждый человек имеет право начать свой бизнес. Тем не менее, большинство устраивается на работу в уже существующие компании. Это устраивает все стороны. То же самое относится к странам. Люди могут жить и изолированно от всех, но большинство предпочитает жить в обществе. А различные общества находят выгодным для себя и сотрудничать между собой. Конечно, крупная экономика позволяет снизить себестоимость продукции, но до каких пределов, можно определить лишь в том случае, если у людей есть свобода выбора.

Право на отделение не гарантирует немедленную и полную административную автономию. Всякую форму децентрализации, при которой ответственность за решение тех или иных вопросов переходит от центральных органов власти к местным, можно назвать политическим отделением. Такая форма децентрализации может быть привлекательной в качестве переходной между полной централизацией и полным отделением.

Как это действует, можно увидеть на примере так называемых особых экономических зон, таких как Шэньчжэньская, созданная китайским правительством в 1980-е — начале 1990-х годов. Для таких зон была характерна значительная экономическая свобода, им разрешалось привлекать иностранные инвестиции; они проложили дорогу к большей экономической свободе и остальных регионов Китая. Аналогичные зоны свободной торговли были созданы в Дубае, где торговое и трудовое законодательство регламентированы лишь минимально. Такие свободные экономически зоны могли бы стать моделью для свободных политических зон, где люди экспериментировали бы с разными формами государственного управления.

Контрактное общество

Многие думают, что если чего-то не сделает государство (например, не построит оперный театр или не позаботится о стариках), то этого не сделает никто. Это менталитет, характерный для бывшего

Советского Союза: что бы с нами было, если бы не забота партии и правительства? Когда американский экономист Милтон Фридман находился в поездке по коммунистическому Китаю, местные чиновники спросили его, кто в США является министром природных ресурсов. И были очень удивлены, узнав, что в Америке нет такого министерства. Им было трудно представить, что добывать и распределять полезные ископаемые можно без государственного контроля.

В прошлом люди не представляли, как можно жить без короля. Считалось, что король заботится о своих подданных. Теперь мы таким же образом смотрим на государство и демократию. Мы с трудом представляем, что до возникновения демократии люди беспрекословно повиновались королю, однако сами сегодня столь же беспрекословно повинуемся большинству.

В то же время мы повсюду наблюдаем примеры самоорганизации без принуждения и контроля сверху. Иногда эти примеры превосходят ожидания. Кто бы мог подумать, что такой анархический проект, как Википедия, сможет добиться успеха без централизованного управления? Но интернет-энциклопедия существует, она состоялась. Да и сам интернет это совокупность множества независимых организаций, индивидуумов и технологий, действующих без какого-либо центрального руководства. На заре интернета мало кто мог поверить, что у него нет хозяина, что он существует на основе индивидуальных договорённостей между тысячами организаций (провайдеров, компаний, учреждений), каждая из которых контролирует лишь крохотную ячейку сети.

Структура идеального и свободного общества представляется нам похожей на интернет. В интернете нужно соблюдать очень небольшое количество простых правил, в остальном каждый пользователь действует по своему усмотрению. Главное правило заключается в подключении к сети по протоколу TCP/IP. Дальше миллионы компаний, организаций и индивидуальных пользователей могут действовать совершенно самостоятельно — создавать свои собственные домены, предоставлять услуги и обмениваться сообщениями любым удобным им способом. На протокол TCP/IP можно накладывать свои собственные новые протоколы и смотреть, вызовут ли они интерес. Можно предлагать новые формы услуг и находить клиентов для них. Такого рода разнообразие, свобода и самоорганизация в интернете уже доказали свою поразительную эффективность.

Аналогичным образом в свободном обществе главное правило заключается в недопустимости мошенничества, насилия и воровства. При условии соблюдения этого правила люди могут предлагать любые услуги, включая те, которые в настоящее время предоставляются государством. Они также свободны создавать собственные сообщества по своему усмотрению — монархические, коммунистические, консервативные, религиозные и даже авторитарные, — при условии, что членство в них является добровольным и они не мешают окружающим. Сообщества могут насчитывать как десять человек, так и миллион (для сравнения: персонал торговой компании Walmart превышает два миллиона человек).

Когда разных административных единиц много, люди, если им что-то не нравится, всегда могут переехать в другую, и политики знают об этом. Жители для них не просто граждане, которые имеют право время от времени голосовать, а клиенты, которых нужно хорошо обслуживать, чтобы не потерять. То же самое происходит на рынке. Если покупателям не нравится хлеб в одной булочной, они не устраивают демонстрацию протеста, чтобы повлиять на хозяина, а просто идут у другую.

Жизнь в небольших сообществах легче организовать на основе простых соглашений, чем с помощью избирательных урн. В США и других демократических странах граждане не заключают с правительством контракты, где были бы оговорены их взаимные обязательства, например, что обязуется делать правительство и по какой цене. Это относится к пенсиям, здравоохранению, пособиям, трудовому законодательству и т. д. На гражданах лежит туманная и неопределённая обязанность платить налоги и соблюдать законы, а на государстве — столь же неопределённая обязанность проявлять заботу о гражданах. И правительство может в любой момент изменить правила независимо от результатов выборов. Это создаёт значительную правовую неопределённость. Вы можете годами делать пенсионные отчисления и в силу этого рассчитывать на более-менее обеспеченную старость. Но правительство может уменьшить размер вашей пенсии одним росчерком пера. Или вы снимаете квартиру с правом выкупа, думая, что до определённого срока можете просто съехать с неё без последствий, но правительство неожиданно издаёт закон, укорачивающий этот срок и обязывающий вас купить эту квартиру, даже если она вам разонравилась или стала не по карману.

Достойное общество должно основываться на контрактах, которые уважают права сторон, чётко и ясно определяют их и которые до истечения установленного срока не допускают изменения властями правил игры. Эти контракты не обязательно должны быть для всех одинаковыми. Как у рабочих и служащих разных компаний, у граждан в зависимости от региона, где они живут и работают, могут быть разные контракты с правительством.

Путь к свободе

Если технологический прогресс определяет будущее развитие, то у децентрализации блестящие перспективы. Такие технические изобретения, как автомобиль, предоставили людям большую свободу передвижения. С изобретением противозачаточных пилюль женщины стали в большей степени хозяйками своей жизни, а половые отношения в целом стали свободнее. С появлением интернета настал конец монополии правящей элиты на средства массовой информации. Теперь каждый может публиковать новости, делиться своими идеями со всем миром, покупать и продавать товары и услуги, не выходя из дома.

Можно сказать, что технология является поистине демократизирующей силой, в гораздо большей степени, чем сама демократическая система. Если демократия предоставляет большинству власть над меньшинством, то технология способна предоставить индивидуумам власть над их собственной жизнью. Демократия лишает индивидуумов власти, а технология наделяет их ею. Это децентрализующая сила, которая позволяет обходиться без посредников и правительства в таких сферах, как средства массовой информации и коммуникации, финансы, образование и торговля.

Способствуя удешевлению технологий, свободный рынок тем самым предоставляет даже самым малообеспеченным возможность в немалой степени быть хозяевами своей судьбы. В наши дни даже в Африке перед миллионами людей открываются новые перспективы не благодаря внешней экономической помощи, а благодаря компьютерам и мобильным телефонам, которые становятся всё дешевле.

Таким образом, достигнутым за последний век огромным прогрессом человечество обязано не демократии, а технологическому развитию и частному предпринимательству. Такие устройства, как iPhone, Walkman и персональный компьютер, сделали передовые технологии доступными практически для каждого человека и сделали людей свободнее. С помощью таких сервисов, как Facebook, люди могут без вмешательства государства выбирать себе круг общения по своему усмотрению и не ограничиваясь только своей страной. Английский как международный язык общения и возможность путешествовать по доступным ценам сделали мир «меньше», упростив и переезд из одной страны в другую на постоянное жительство.

Всё это подтверждает, что конкуренция в сфере форм государственного управления вещь реальная и перспективная. Уже сегодня всё больше людей выбирают, в условиях какого государственного строя им лучше жить и работать. Миллионы отправляются жить (или только работать) за границу. Мир со множеством небольших государственных единиц вполне соответствовал бы этой тенденции. Такие небольшие государственные образования могут взаимовыгодно сотрудничать в определённых вопросах, таких как энергетика, иммиграция, транспортные перевозки и т. д. Они могут сотрудничать и в области обороны, особенно если где-то возникнет супердержава, которая захочет подмять под себя государства поменьше. Экономически и технологически развитые общества наверняка нашли бы способы защитить себя от такого рода угроз.

Новые технологии позволяют создавать даже полностью новые страны. Организация Seasteading, сооснователем который является упоминавшийся выше Пэтри Фридман, планирует строительство искусственных островов в международных водах. Эти острова могут представить собой альтернативу существующим формам государства.

Для осуществления децентрализации наша нынешняя политическая система нуждается в радикальных изменениях, но произвести их не так трудно, как кажется. Крупные правительственные организации можно демонтировать. Министерства образования, здравоохранения, социального обеспечения, промышленности, сельского хозяйства, иностранных дел, финансов и помощи в целях развития можно упразднить. Обществу нужны лишь базовые социальные службы для поддержания законности и порядка и охраны окружающей среды.

Система государственного социального обеспечения может быть преобразована в систему частного страхования. Это предоставит гражданам свободу и безопасность. Они смогут приобретать страховку индивидуально или коллективно через профсоюзы или компании, в которых работают. Условия государственного страхования, как известно, постоянно и своевольно меняются правительством. Обещаемая государством безопасность иллюзорна и переменчива, поскольку зависит от капризов политики. С этим нужно покончить. Заботу о малообеспеченных и нуждающихся можно обеспечить на местном уровне.

Государственный контроль над нашей финансовой системой должен быть отменён, чтобы правительства больше не могли обесценивать наши деньги и вызывать подъёмы и спады. В этих целях следует создать честный международный финансовый рынок, которым могущественные правительства и связанные с ними финансовые организации больше не могли бы манипулировать.

Короче говоря, крупные демократические национальные государства и федерации должны уступить место небольшим политическим единицам, где граждане сами выбирают, каким образом лучше обустроить общество. Как можно большее число вопросов должно решаться на местном, самом нижнем административном уровне.

Если это будет означать конец Европейского Союза, тем лучше. Политики в Европе любят пугать нас апокалиптическими картинами того, что случится, если Европейский Союз распадётся. Но такие страны, как Норвегия и Швейцария, никогда не входили в ЕС и прекрасно себя чувствуют без него.

Часто можно услышать, что ЕС обеспечивает свободу торговли между европейскими странами. Было бы прекрасно, если бы он занимался только этим, но он занимается массой всего другого. Созданный Брюсселем «внутренний рынок» не имеет ничего общего с экономической свободой. Наоборот, ЕС буквально трещит под гнётом законов и регламентаций, ограничивающих экономическую свободу. Окончательно окрепнув, это супергосударство полностью уничтожит в Европе свободу и граждан, и предпринимательства.

ЕС воплощает в себе прямую противоположность принципу децентрализации, это апофеоз централизации власти, неработоспособный бюрократический истукан, угрожающий индивидуальной свободе даже больше, чем национальная демократия. Чем раньше он прекратит существование, тем лучше.

Светлое будущее

Будущее представляется нам светлым во многих отношениях. Человечество накопило огромные знания и обладает огромным производственным потенциалом, более чем достаточным для благополучия всех людей на планете.

Кроме того, после крушения кровавых коммунистических и фашистских режимов XX века в таких странах, как Советский Союз, Китай и другие, в мире наметилась общая тенденция к большей свободе. Многочисленные группы людей получили больше личной и экономической свободы, что ведёт к росту их благосостояния и благополучия. Другие восстают против диктатуры и требуют больше свободы. Нет причин, чтобы так не продолжалось и в дальнейшем.

Некоторым трудно представить, что жить можно и без демократического государства, но аналогичные радикальные перемены уже происходили в прошлом. Линда и Моррис Тэнхилл в своей классической либертарианской и антидемократической книге «Рынок для свободы» (1970) писали:

Представьте феодального крепостного, прикованного законом к земле, на которой он родился, и к социальному положению, которое он унаследовал от родителей, гнущего спину от рассвета до заката, чтобы хоть как-то поддержать своё жалкое существование, да вдобавок ещё и поделиться с помещиком; представьте его образ мыслей, в котором смешались страхи и суеверия. Представьте теперь, что вам надо рассказать ему о социальном устройстве Америки XX века. Вероятно, вам будет трудно убедить его в том, что такое социальное устройство вообще возможно, потому что на всё, о чём вы говорите, он будет смотреть через призму своего собственного знания общества. Он скажет вам, несомненно с гордостью и лёгким высокомерием, что, если за каждым человеком от рождения и на всю жизнь не закреплено определённое место в обществе, то такое общество быстро погрузится в хаос. Аналогичным образом, рассказывая человеку XX века, что государство есть зло, причём отнюдь не необходимое, и что обществу было бы намного лучше вообще не иметь правительства, вы скорее всего вызовете у него вежливо-скептическую реакцию … особенно если этот человек не имеет привычки к независимому мышлению. Всегда трудно описывать функционирование общества, отличного от нашего, а ещё труднее — описывать более развитое. Это потому, что мы так привыкли к своему собственному общественному устройству, что автоматически воспринимаем каждую грань более развитого общества через призму нашего, тем самым искажая картину до неузнаваемости.

Мы считаем, что национальное государство и присущая ему демократия являются феноменами двадцатого, а не двадцать первого века. Путь к большей автономии и личной свободе лежит не через крупные демократии, а через децентрализацию и создание небольших административных единиц, образованных самими людьми.

Некоторые утверждают, что большинство людей неспособны жить свободно, что им не хватает чувства ответственности, да и желания, чтобы жить независимо, и что ими нужно управлять ради их же блага. Но это те же самые аргументы, какие использовались против отмены рабства и эмансипации женщин. Дескать рабство не следует отменять, потому что чернокожие не сумеют сами позаботиться о себе, а многие и не захотят быть свободными. Женщинам нельзя предоставлять равные права с мужчинами, потому что они неспособны сами обеспечить себя, им не по плечу трудности независимой жизни. Реальность, однако, доказала обратное. То же самое будет и после упразднения демократического государства-няньки. Люди, которым выпадет счастье жить без такого государства, почувствуют небывалую уверенность в своих силах. Они, естественно, не будут жить изолированно друг от друга, а самоорганизуются в группы по собственному выбору, в компании, клубы, профсоюзы, ассоциации, группы по интересам, общины и семьи. Свободные от отупляющего контроля со стороны бюрократии и правящего демократического большинства, они изменят мир до неузнаваемости. Как писали Линда и Моррис Тэнхилл,

> Многие неприятные условия жизни, которые сегодня нам кажутся неизбежными, исчезнут в обществе, совершенно свободном от правительства. В большинстве случаев это произойдёт благодаря освобождению рынка от жёсткого государственного контроля — будь то фашистский или социалистический, — что оздоровит экономику и во всех отношениях повысит уровень жизни каждого человека.

Настало время взглянуть в лицо тому факту, что демократия не ведёт к свободе и автономии. Она не разрешает конфликты и не высвобождает производительные и творческие силы. Наоборот, демократия вызывает антагонизм и ограничения. Свойственные демократии централизм и принуждение ведут к хаосу, тогда как индивидуальная свобода и динамика незаорганизованного рынка естественным образом ведут к порядку и процветанию.

Применительно к самим себе люди всегда предпочитают свободу принуждению. Туманному выражению своих предпочтений через избирательную урну они предпочитают свободу выбора на свободном рынке. Разве хоть кто-нибудь предпочтёт, чтобы автомобиль ему выбирало правительство, а не он сам?

Людям давно пора осознать, что свобода, которой они желают для себя, должна распространяться и на других, что их свобода недолговечна, если точно такой же свободой не обладают и все вокруг, что рано или поздно они сами станут жертвами тех же методов принуждения, которые демократически применяют против других. Кто роет яму другому, тот непременно сам в неё упадёт.

Некоторых пугает движение к меньшей демократии и большей свободе. Мы все выросли в национально-демократических государствах и воспитаны на идеях социал-демократии. Нас учили, что наше общественное устройство «лучшее из возможных». Однако реальная картина не так привлекательна, и пора взглянуть ей в лицо. Правительство это не Дед Мороз с мешком подарков. Это эгоистичный и настырный монстр, который не успокоится до тех пор, пока не задушит в своих подданных все проявления независимости и автономии. И демократия служит этому монстру надёжной опорой: манипулируя большинством, он контролирует жизнь всех и каждого.

Пришла пора отбросить идею о праве «народа» — в действительности государства — править обществом. Пора перестать воображать, будто правительство лучше нас самих знает, как нам жить и на что тратить деньги, что демократическая идеология стрижки всех под одну гребёнку ведёт к гармонии и процветанию, что демократическое принуждение идёт нам на пользу.

Пора освободиться от тирании большинства. Нам нечего терять, кроме цепей, которыми мы прикованы друг к другу.

Постскриптум

Либертарианство и демократия

Мы изложили свою критику демократии с либертарианской точки зрения. Либертарианство — это политическая философия, основанная на суверенитете личности и исходящая из того, что каждый человек является единственным полноправным хозяином своего тела и своей жизни, а следовательно и плодов своего труда. Альтернативой самоуправлению является система, где одни люди имеют власть над жизнью и плодами труда других (в конечной перспективе, к счастью недостижимой, это означает власть всех над всеми). Либертарианство считает такое положение вещей несправедливым. Основополагающий принцип либертарианства состоит в том, что индивидуумы не обязаны приносить себя в жертву коллективу, как это происходит при социализме, фашизме и демократии.

Для либертарианцев индивидуальная свобода (суверенитет личности) это не «право» на труд, образование, медицинское обслуживание, жилище и прочие блага, поскольку такие «права» подразумевают обязанность других обеспечивать вас этими благами. Если человек вынужден жертвовать собой ради других, то это не свобода, а рабство. Свобода означает, что каждый человек имеет право делать со своей жизнью и своей собственностью всё, что ему заблагорассудится, при условии, что это не наносит ущерба жизни и собственности других. Короче говоря, либертарианцы против применения к людям силы.

Примордиальной целью либертарианской правовой системы является защита индивидуума от всех форм насилия. Либертарианцы выступают за все свободы, которые исходят из принципа самоуправления. Например, мы за свободу религий, свободу эвтаназии, легализацию наркотиков, свободу слова и т. д. Мы также за право людей объединяться, сотрудничать и торговать без ограничений, то есть — за свободный рынок.

Мы считаем, что индивидуумы и группы имеют право устанавливать свои собственные правила пользования их собственностью. Как каждый человек сам решает, кого приглашать к себе в гости, так и хозяин кафе должен обладать правом самому решать, можно ли его посетителям курить, а работодатель должен иметь право сам решать, как следует одеваться служащим его компании. Тех, кому эти правила не нравятся, никто не заставляет ужинать именно в этом кафе или работать именно в этой компании.

По этой причине либертарианство против антидискриминационных законов. Такие законы несовместимы с принципом свободы объединений. Правительство заявляет: «Вы должны объединиться, хотите вы этого или нет». В противоположность этому либертарианство основывается на свободе выбора; все отношения и сделки должны быть добровольными.

Дискриминация означает разное обращение с разными людьми. Конечно, гомосексуалисту было бы нелепо не ассоциировать себя с гомосексуалистами, еврею с евреями, немцу с немцами, и т. д., но принцип свободы означает, что никто не обязан обосновывать свой выбор, каким бы нелепым он ни казался со стороны. Чтобы чего-то не делать, причины не нужны. Либертарианство защищает право людей самим решать, совершать или не совершать поступки, которые могут не понравиться другим. Точно так же свобода слова означает, что люди имеют право выражать мнения, с которыми другие не согласны. Единственная обязанность людей — воздерживаться от применения к другим силы.

Антидискриминационные законы в действительности являются формой применения силы, поскольку они заставляют людей против их воли объединяться с другими. Нужно ли заставлять пожилых дам по вечерам гулять в парке, где собираются юные хулиганы? Нужно ли заставлять людей ходить на свидания с теми, кто им неприятен? Конечно, нет. Тогда по какому праву правительство заставляет работодателей брать на работу людей, которые им не нравятся? И по какому праву правительство заставляет владельцев ночных клубов впускать клиентов, которые не вызывают у них доверия? Как либертарианцы, мы считаем, что такие методы не только неправильны, но и контрпродуктивны. Вместо толерантности и гармонии они провоцируют ненависть и конфликты.

Либертарианство не является ни «левым», ни «правым», ни прогрессивным, ни консервативным. Прогрессисты одобряют государственное вмешательство в экономику, при этом порой выступая за предоставление людям большей личной свободы «в разумных пределах». Консерваторы поддерживают государственное вмешательство в личную жизнь людей, при этом порой выступая за предоставление им большей экономической свободы «в разумных пределах». Общим для тех и других является отношение к индивидууму как к подчинённому государства и коллектива. Либертарианство представляет собой единственную политическую философию, которая утверждает, что коллектив *не* имеет права командовать индивидуумом. Либертарианство является единственной политической философией, которая отрицает *применение силы* в принципе, то есть во всех случаях, кроме самообороны. Основываясь на этом принципе, либертарианство также против колониализма, империализма и иностранных интервенций.

Либертарианство не новоиспечённая философия, оно уходит корнями в многовековую традицию. Идеи выдающихся либеральных мыслителей XVII и XVIII веков были очень близки к либертарианскому идеалу. Сегодня мы называем их философию «классическим либерализмом», чтобы не смешивать её с современным «либерализмом», который в действительности является не столько философией свободы, сколько вариантом социал-демократии. В XIX веке либертарианских идей придерживались как многие «анархо-капиталисты», так и группа классических либеральных экономистов, главным образом из Австрии. Сегодня академическим центром либертарианства в США является Институт Мизеса, названный так в честь выдающегося австрийского экономиста и защитника свободного рынка Людвига фон Мизеса. В 1974 году его ученик Фридрих Хайек был удостоен Нобелевской премии в области экономики. Самым знаменитым либертарианским мыслителем XX века был другой ученик Мизеса, американский экономист и философ-энциклопедист Мюррей Ротбард. Его книга «К новой свободе» явилась и, по всей вероятности, остаётся лучшим введением в либертарианство.

Однако Мизес и Ротбард никогда не подвергали тщательному анализу феномен демократии. Первым либертарианским мыслителем, сделавшим это, был немецкий экономист Ханс-Херман Хоппе, живущий и работающий в США. Его книга «Демократия: поверженный бог» (2001) является классической либертарианской работой на эту тему.

В последние годы, отчасти благодаря книге Хоппе, демократическая идея привлекает растущее внимание либертарианских авторов, однако большей частью их критику можно встретить лишь в разрозненных журнальных статьях и на либертарианских сайтах, таких как *Mises.org*. Насколько нам известно, детальной либертарианской критики демократии в популярной форме до сих пор не публиковалось. Мы надеемся, что восполнили этот пробел настоящей книгой.

Подробную информацию об этой книге вы найдёте на сайтах *www. beyonddemocracy.net* и *russian.beyonddemocracy.net*. В Нидерландах либертарианству посвящён сайт Франка Карстена *www.meervrijheid.nl* (на голландском языке).

Цитаты о демократии

Демократия — это когда два волка и овца голосуют, кого им съесть на обед. Свобода — это хорошо вооружённая овца, которая оспаривает результаты голосования.
— Бенджамин Франклин, государственный деятель, учёный, философ и один из отцов-основателей Соединённых Штатов.

Демократия никогда не длится долго. Она быстро утомляется, выдыхается и кончает с собой. Ни одна демократия не избежала самоубийства.
— Джон Адамс, второй президент Соединённых Штатов.

Демократия это не что иное как власть толпы, где 51% людей может лишить прав остальные 49%.
— Томас Джефферсон, третий президент Соединённых Штатов.

Как можем мы продолжать движение вперёд, если мы всё больше склоняемся к образу жизни, где никто не хочет брать на себя ответственность и все ищут спасения в коллективизме? Если эта мания будет продолжаться, наше общество превратится в социальную систему, где каждый живёт, засунув руки в карманы другого.
— Людвиг Эрхард, бывший канцлер Германии и архитектор немецкого послевоенного «экономического чуда».

Для нас социализм и демократия едины и неразделимы.
— Социалистическая партия США.

Выборы — это своего рода усовершенствованный аукцион краденого.
— Г. Л. Менкен (1880-1956), американский журналист и эссеист.

Неограниченная демократия это та же олигархия — тирания большого числа людей.

— Аристотель.

Государство — это величайшая фикция, где все пытаются жить за счёт всех остальных.
— Фредерик Бастиа (1801-1850), французский теоретик классического либерализма и политэконом.

Когда люди обнаружат, что могут обогащаться путём голосования, республике настанет конец.
— Бенджамин Франклин, государственный деятель, учёный, философ и один из отцов-основателей Соединённых Штатов.

Желать больше государственного вмешательства в экономику это в конечном счёте желать, чтобы принуждения было больше, а свободы меньше.
— Людвиг фон Мизес, австрийский экономист и выдающийся защитник свободного рынка.

Когда законодатели заседают, жизнь, свобода и собственность каждого человека находятся в опасности.
— Марк Твен (1835-1910), американский писатель.

Демократия это воля народа. Каждое утро я с удивлением узнаю из газет о том, чего я хочу.
— Вим Кан, голландский актёр.

Об авторах

Карел Бекман (Karel Beckman) — писатель и журналист, основатель и главный редактор независимого интернет-издания *Energy Post* (*www.energypost.eu*). До этого работал в голландской финансовой газете *Financieele Dagblad*. Его вебсайт: *www.charlieville.nl*.

Франк Карстен (Frank Karsten) — основатель Нидерландского Института Мизеса (*Mises Instituut Nederland*) и фонда «Больше свободы» (*Stichting Meer Vrijheid*) — нидерландских либертарианских организаций, выступающих за расширение личной и экономической свободы. Он регулярно выступает с лекциями против растущего государственного вмешательства в личную жизнь граждан. Его сайт: *www.mises.nl*.

Индекс